Babette Ulmer
Maria Böhly

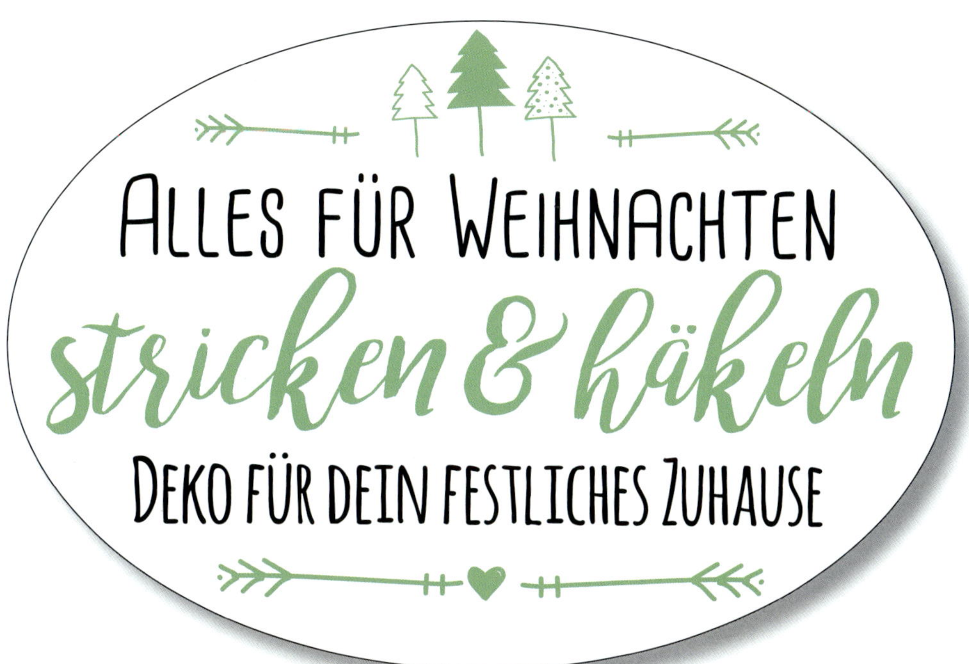

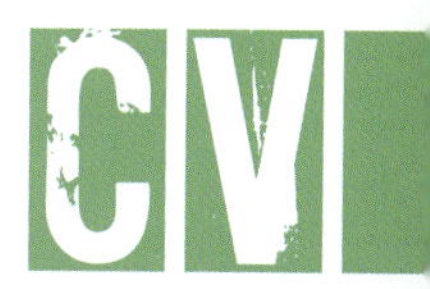

Festtagszauber selbst gemacht

Was gibt es Schöneres, als sich an den dunklen Tagen des Jahres mit Stricken und Häkeln auf die Lichterzeit einzustimmen und mit den selbst gemachten Projekten ein festliches und behagliches Ambiente zu schaffen?
Zauberhafte Anhänger schmücken Tannenbaum, Zweige oder Fenster und setzen persönliche Akzente. Wohnaccessoires sorgen für Gemütlichkeit und festliche Stimmung – von der kuscheligen Decke, über gemütliche Kissen mit Weihnachtsmotiven bis hin zur Windlichthülle für traumhafte Beleuchtung. Gestalten Sie effektvolle Szenerien und lassen Sie filigrane Schneeflocken im Zimmer „schneien" oder stellen Sie sich Ihren eigenen kleinen Winterwald auf. Auch die Küche braucht Weihnachtsglanz, deshalb haben wir dekorative Helfer wie Topflappen, Kannen- und Tassenwärmer mit Weihnachtsmotiven entworfen.
Nicht zuletzt ist es die Zeit des Schenkens – ob Herz, Stern oder Bäumchen, gestrickt oder gehäkelt – ein selbst gearbeiteter Anhänger wertet jedes Geschenk individuell auf.
Die meisten Projekte in diesem Buch sind schnell gefertigt, so mancher Geschenkanhänger oder Baumschmuck fast im Handumdrehen. Für jedes Handarbeitslevel ist etwas dabei. Wer sich an das Schneeflocken-Kissen mit eingestricktem Jacquardmuster noch nicht herantraut, stickt Tannenbäume im Maschenstich auf. Häkeln Sie grazile Schneeflocken aus sehr feinem Garn mit dünner Nadel oder arbeiten Sie ein praktisches Tablett mit dickem Garn und großer Nadel.

Viel Spaß beim Nacharbeiten und eine bezaubernde Advents- und Weihnachtszeit wünschen

Maria Böhly und Babette Ulmer

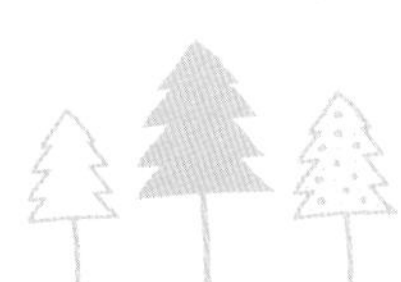

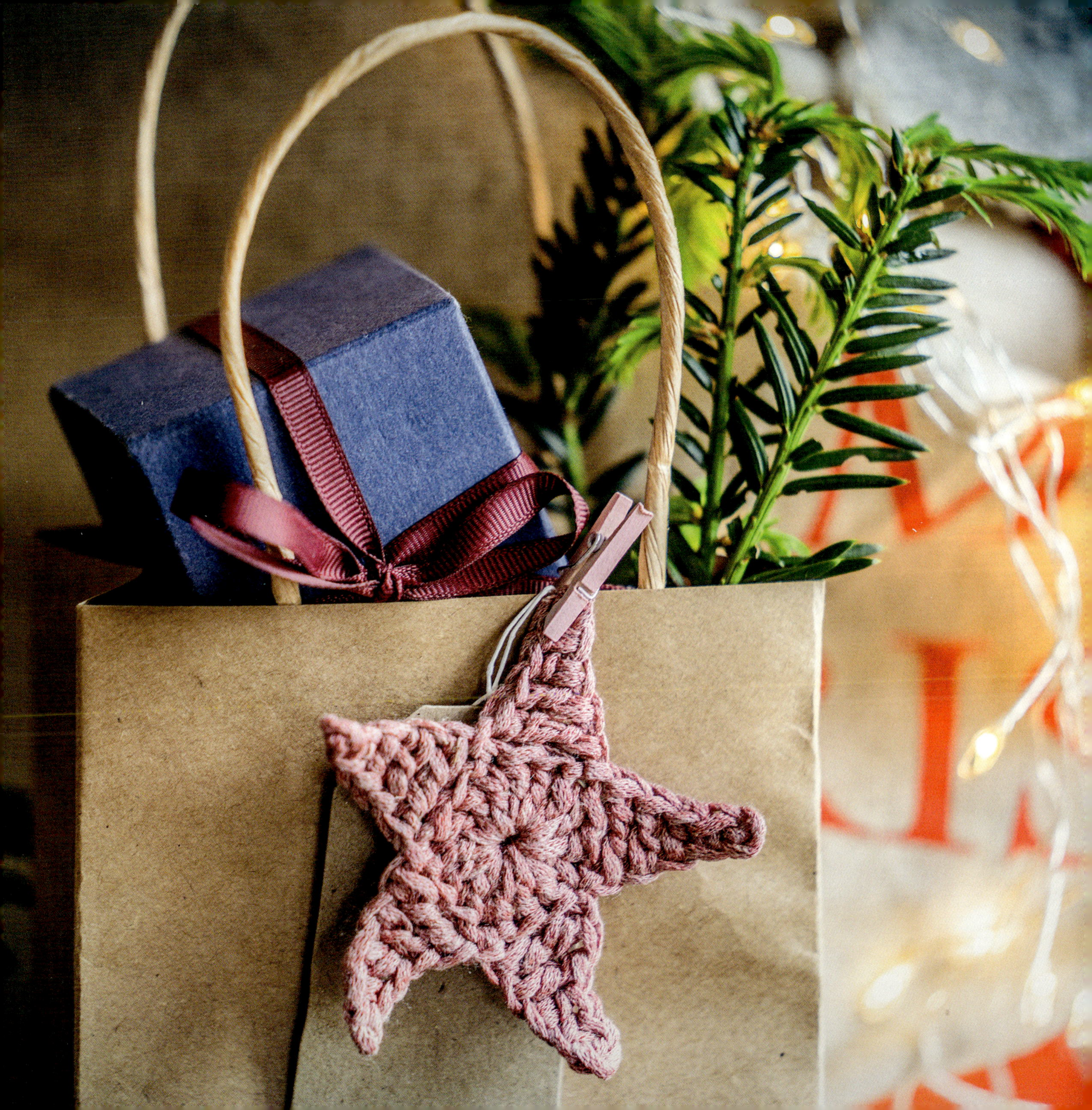

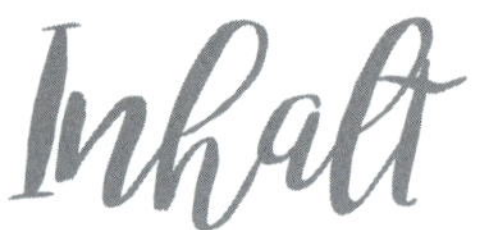

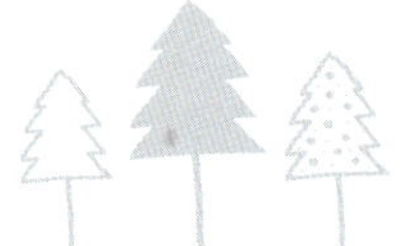

Schwierigkeitsgrade der Modelle: 🌲 = einfach, 🌲🌲 = mittel, 🌲🌲🌲 = schwierig

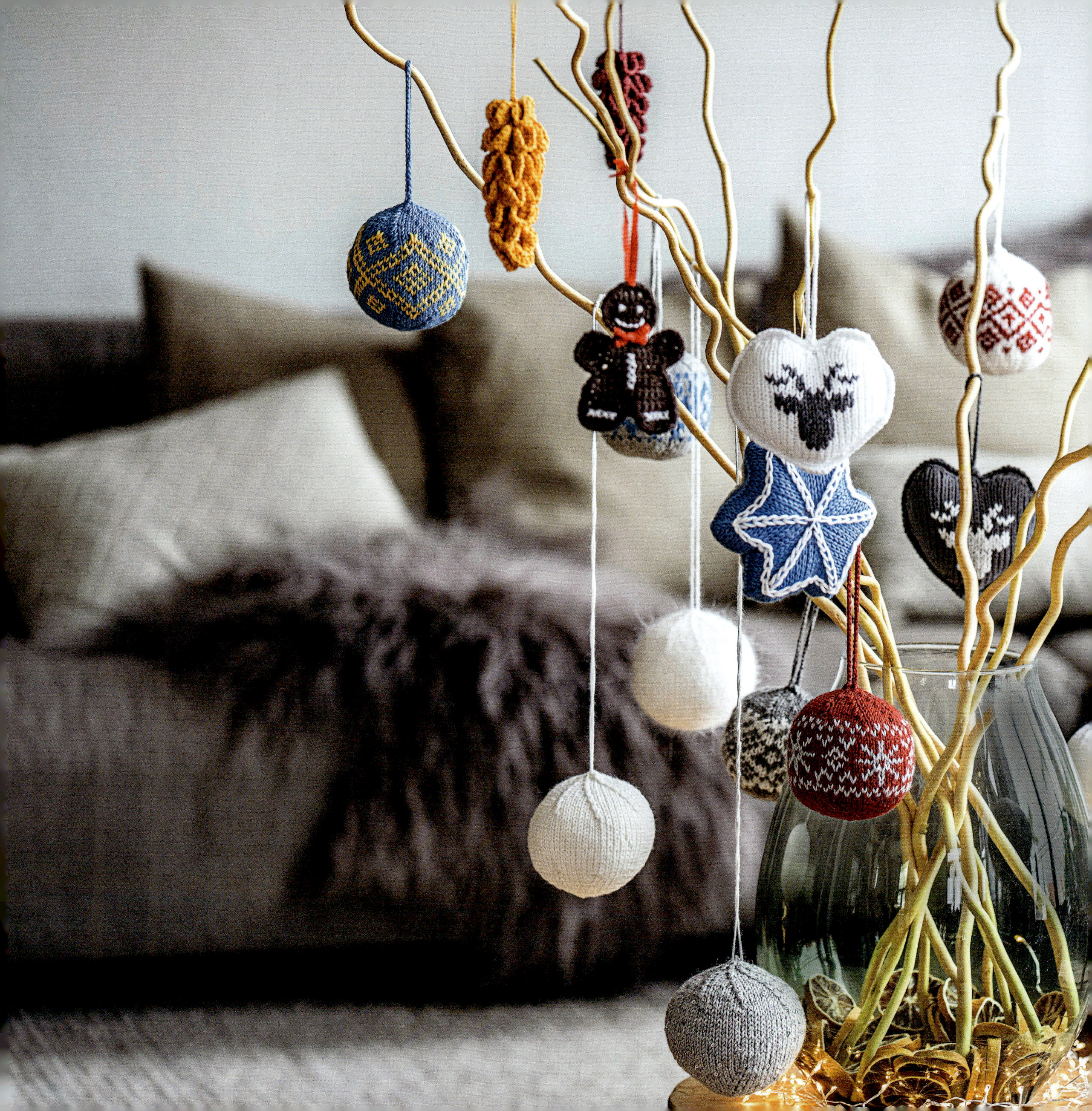

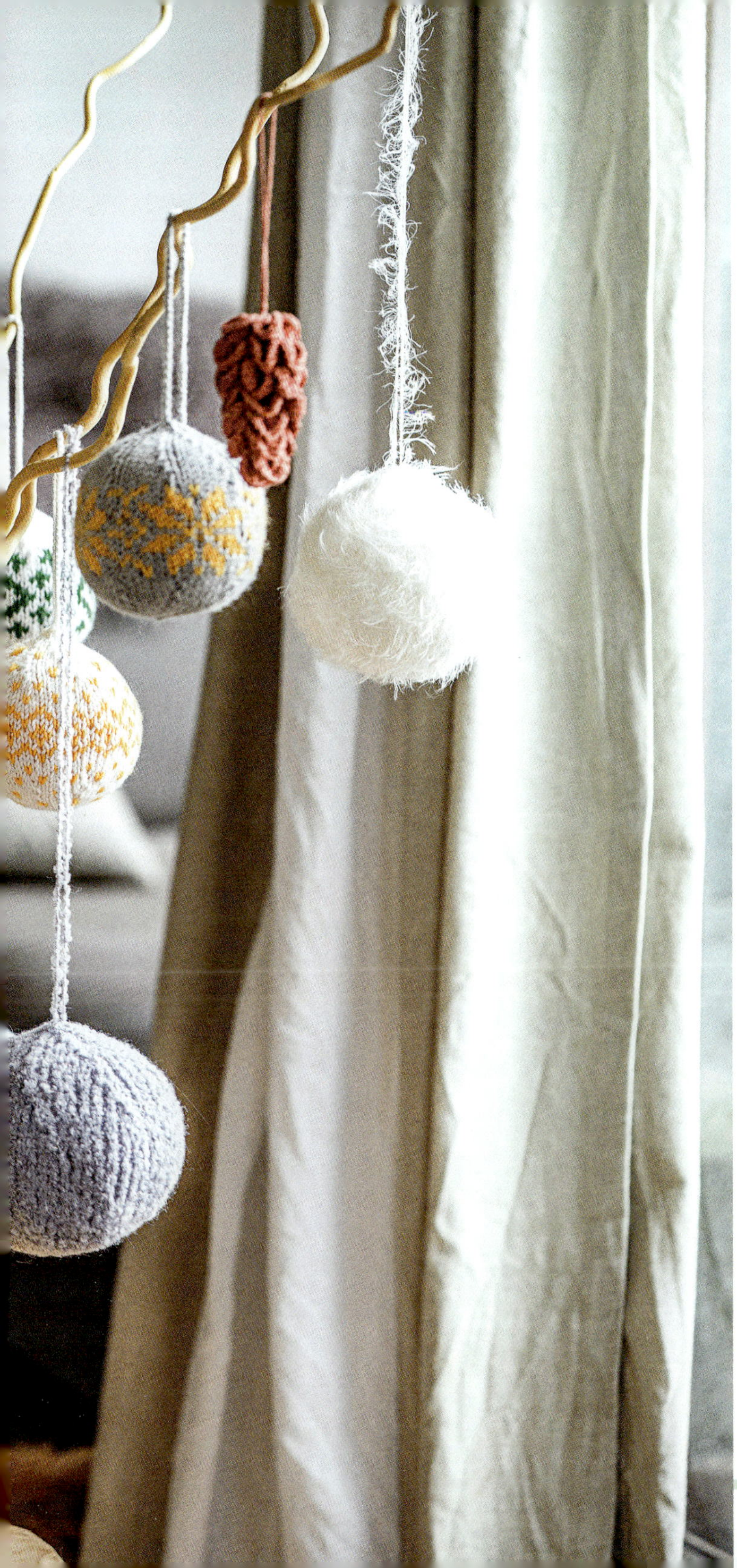

Weihnachtsschmuck zum Aufhängen

SCHLITTENFAHRT

Lustig ist die Winterzeit,
wenn es draußen Flocken schneit
und das Wasser wird zu Eis;
alles ist da licht und weiß!

Franz Bonn

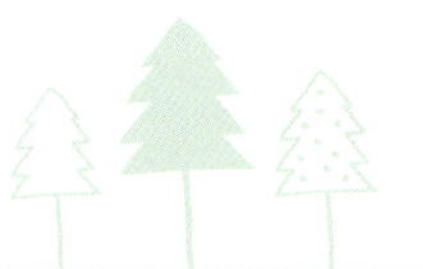

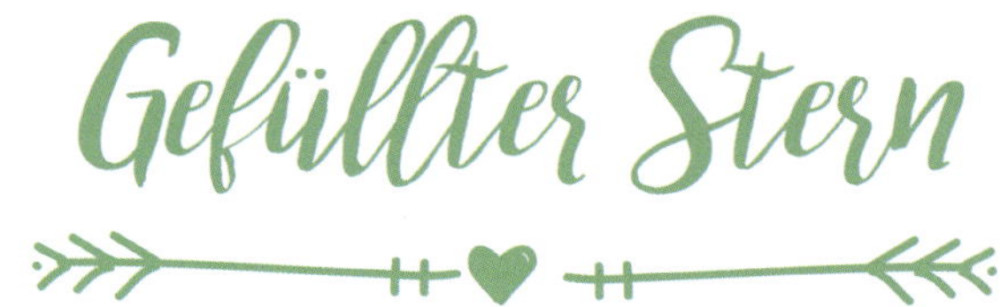

Gefüllter Stern

Gestrickt und bestickt | Größe: ø 13 cm | Schwierigkeitsgrad 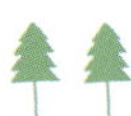

Material

- Lang Yarns „Merino 120" (100 % Schurwolle, Lauflänge 120 m/50 g): je 50 g Stahlblau und Weiß
- 2 Nadelspiele Nr. 3,5
- 6 Maschenmarkierer oder Garnrest in Kontrastfarbe
- Sticknadel ohne Spitze
- Füllwatte
- Goldkordel o. Ä. als Aufhänger

Muster

Glatt rechts: In Runden stets rechte Maschen stricken.

Maschenprobe

Glatt rechts: 22 Maschen und 32 Runden = 10 x 10 cm

So wird's gemacht

6 Maschen in Stahlblau anschlagen, die Maschen gleichmäßig auf 3 Nadeln verteilen = 2 Maschen pro Nadel und glatt rechts in Runden stricken. Mit zunehmender Maschenzahl die Maschen auf 6 Nadeln verteilen. In der 2. Runde aus jeder Masche 2 Maschen herausstricken (= 1 Masche rechts, 1 Masche rechts verschränkt) = 12 Maschen. Zur besseren Übersicht die Eckmaschen markieren = jede 2. Masche. Nun 9x in jeder Runde beidseitig der markierten Eckmaschen je 1 Masche rechts verschränkt aus dem Querfaden herausstricken = 120 Maschen. Anschließend 1 Runde ohne Zunahmen stricken, dann 1 Runde linke Maschen und 1 Runde rechte Maschen stricken. Nun glatt rechts weiterarbeiten und 10x in jeder Runde die markierten Eckmaschen jeweils mit der Masche davor und danach rechts überzogen zusammenstricken (= 2 Maschen wie zum Rechtsstricken abheben, 1 Masche rechts stricken, dann die abgehobene Masche überziehen) = 6 Maschen. Den Stern während des Abnehmens nach und nach mit Füllwatte ausstopfen. Bei Bedarf die Maschen auf 3 Nadeln verteilen. Die restlichen Maschen mit dem Faden zusammenziehen.

Fertigstellung: Die Eckmaschen und den äußeren Rand jeweils im Margeritenstich in Weiß besticken. Für den Aufhänger einen beliebig langen Faden (z. B. eine Goldkordel) an einer Stelle des Sterns durch die Maschen ziehen und die Enden verknoten.

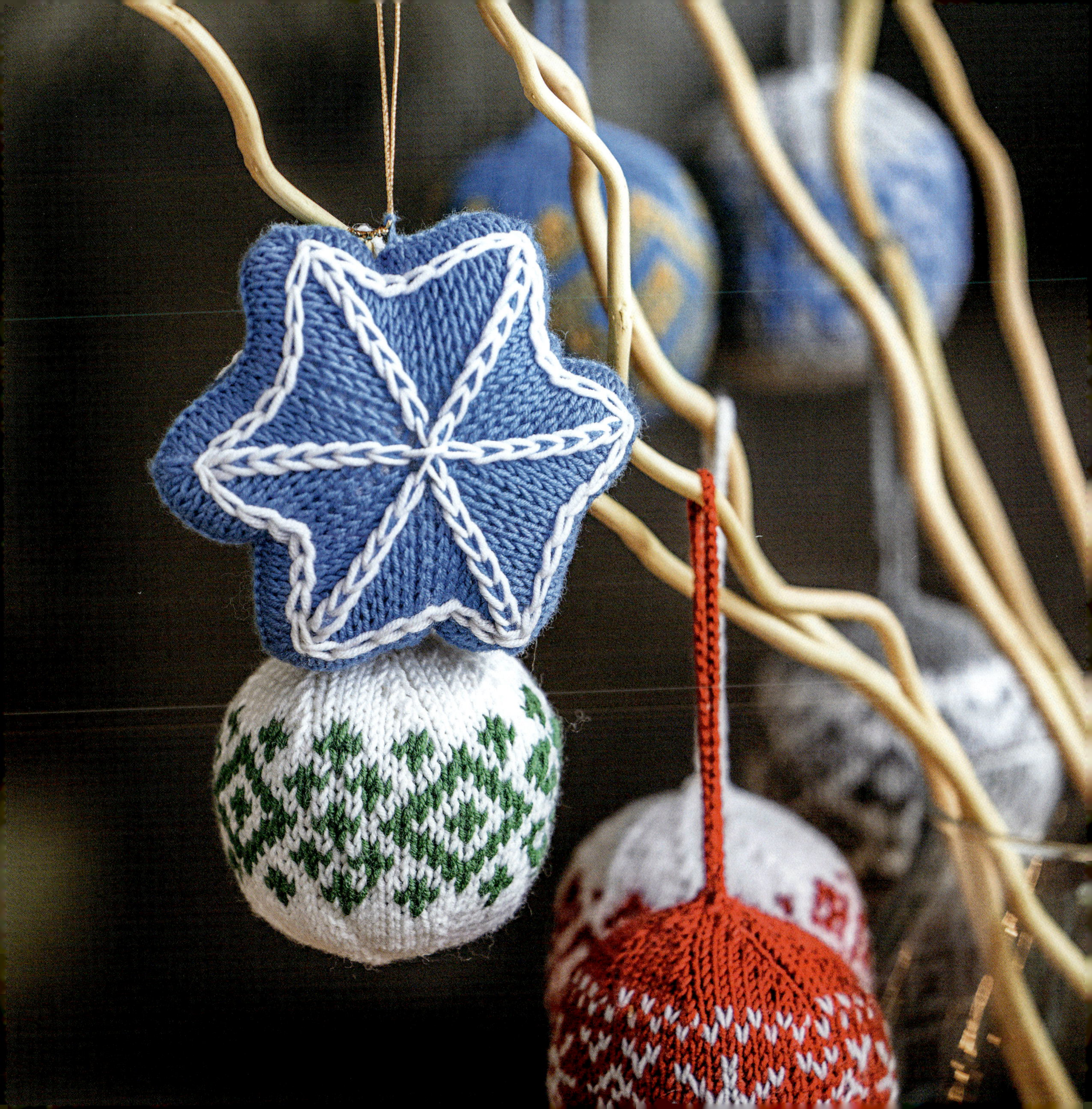

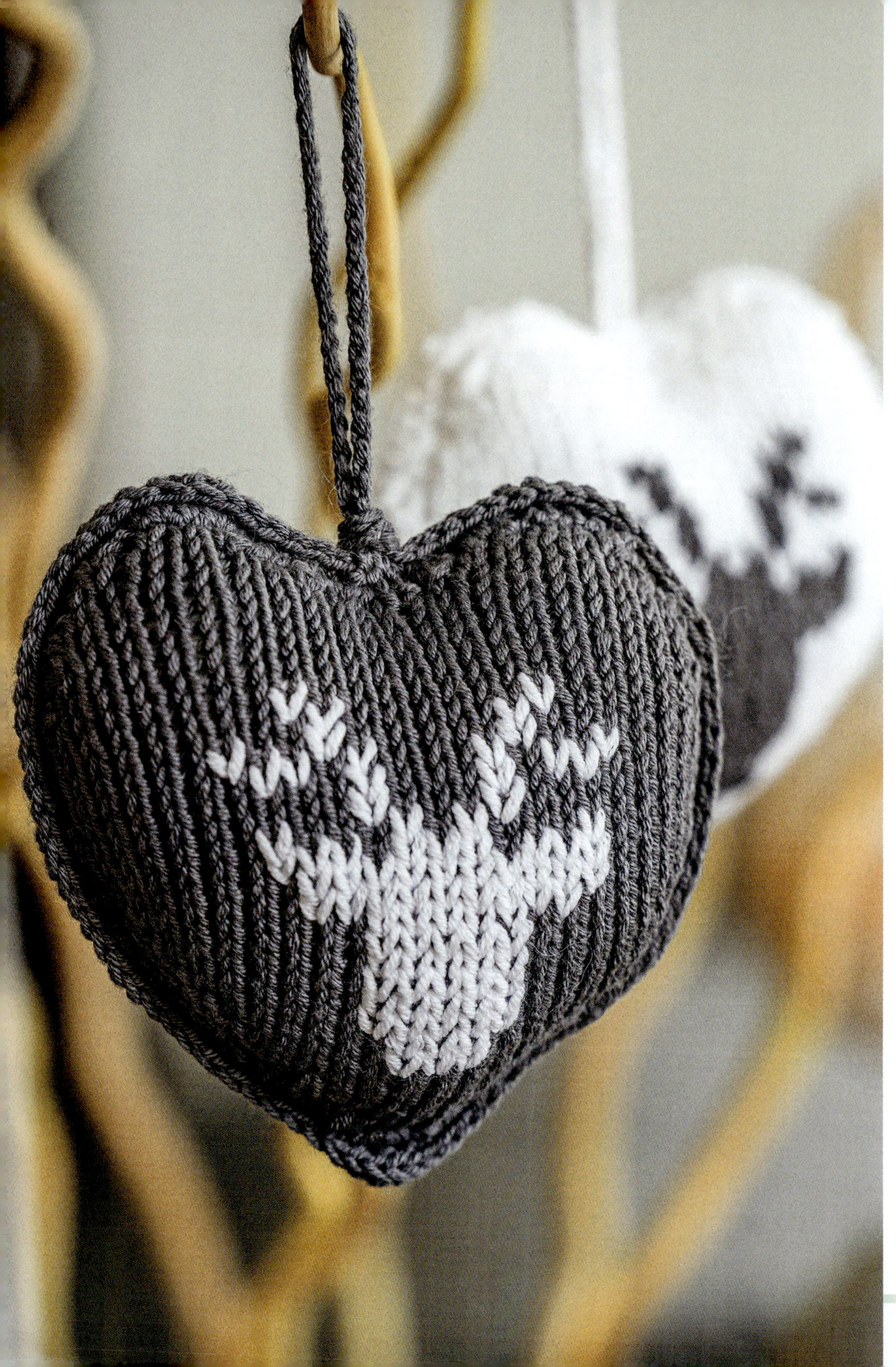

MATERIAL

- Lana Grossa „Elastico“ (96 % Baumwolle, 4 % Polyester, Lauflänge 160 m/50 g): je 50 g Schiefer und Weiß
- Stricknadeln Nr. 3,5
- Häkelnadel Nr. 3
- Füllwatte

MUSTER

Glatt rechts: In Hinreihen rechte Maschen, in Rückreihen linke Maschen stricken.

Betonte Zunahmen: Vor bzw. nach der Randmasche je 1 Masche rechts verschränkt aus dem Querfaden herausstricken.

Betonte Abnahmen: Am rechten Rand: Die Randmasche mit der Masche danach rechts überzogen zusammenstricken (= 1 Masche wie zum Rechtsstricken abheben, 1 Masche rechts stricken, dann die abgehobene Masche überziehen). Am linken Rand: Die Randmasche mit der Masche davor rechts zusammenstricken.

MASCHENPROBE

Glatt rechts: 24 Maschen und 34 Reihen = 10 x 10 cm

Herz mit Hirschkopf

GESTRICKT UND IM MASCHENSTICH BESTICKT | GRÖßE: 12 X 11 CM | SCHWIERIGKEITSGRAD 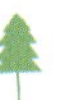

SO WIRD'S GEMACHT

HERZHÄLFTE (2x): 3 Maschen in der jeweiligen Farbe (Grundfarbe) anschlagen und glatt rechts stricken. Zur Formgebung beidseitig in jeder 2. Reihe 1x 2 Maschen, 1x 1 Masche, 1x 2 Maschen und 6x je 1 Masche zunehmen, dabei für die Zunahmen über 2 Maschen jeweils am Reihenende 2 Maschen aufstricken und für die Zunahmen über 1 Masche betonte Zunahmen arbeiten = 25 Maschen. In der folgenden 8. Reihe beidseitig 1x 1 Masche, in der folgenden 4. Reihe 1x 1 Masche, in jeder 2. Reihe 2x je 1 Masche betont abnehmen. Gleichzeitig in der 30. Reihe ab Anschlag die mittlere Masche abketten und beide Seiten getrennt beenden. Für die Rundung am inneren Rand in jeder 2. Reihe 1x 1 Masche betont abnehmen und 1x 2 Maschen abketten. In der folgenden 2. Reihe die restlichen 5 Maschen abketten. Die andere Seite gegengleich beenden.

Fertigstellung: Auf die Herzhälften jeweils mittig in der Akzentfarbe den Hirschkopf laut Zählmuster im Maschenstich aufsticken. Dabei in der 7. Masche der 9. Reihe ab Anschlag beginnen. Anschließend die äußeren Ränder der Herzhälften jeweils mit 1 Runde fester Maschen in der jeweiligen Grundfarbe umhäkeln, dabei in die Spitze 3 feste Maschen in 1 Masche und an die „Ecken" der oberen Rundung je 2 feste Masche in 1 Masche arbeiten. Dann die beiden Herzhälften links auf links legen und mit 1 Runde fester Maschen in der jeweiligen Grundfarbe zusammenhäkeln, vor dem endgültigen Schließen das Herz mit Füllwatte ausstopfen. Mit 1 Kettmasche in die 1. Masche zur Runde schließen, dann noch eine 20 cm lange Luftmaschenkette häkeln und diese mit 1 Kettmasche zum Aufhänger schließen.

Zählmuster

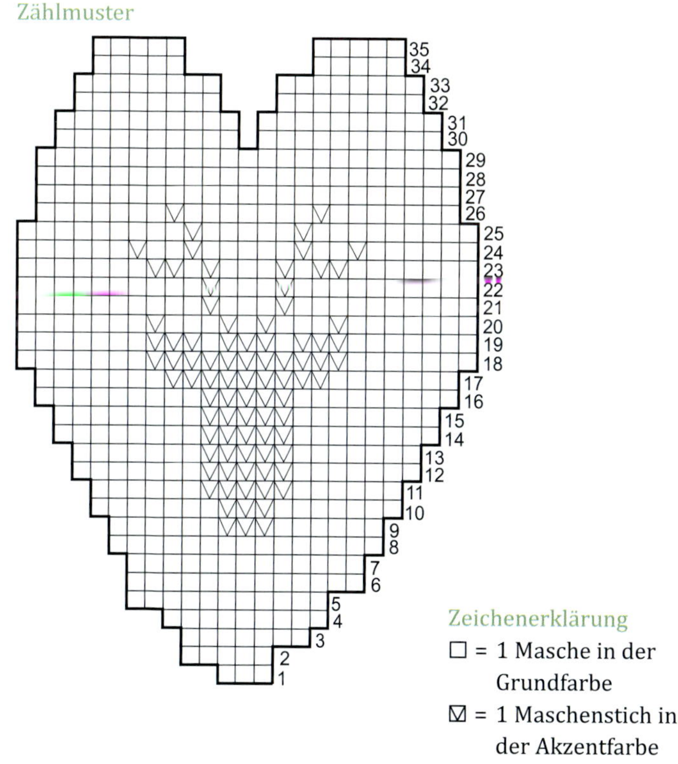

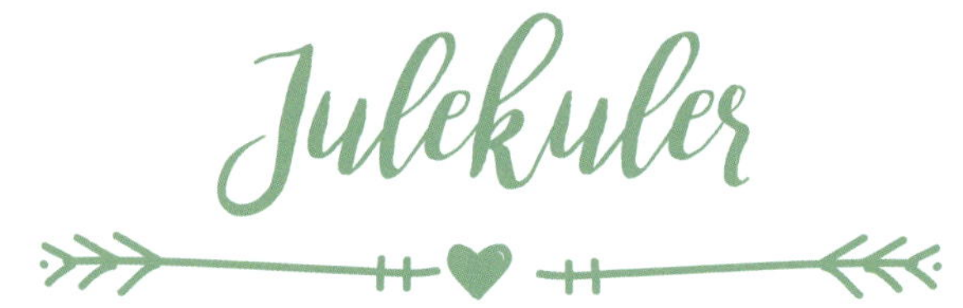

Julekuler

Mit Jacquardmuster gestrickt | Größe: 26 cm Umfang | Schwierigkeitsgrad

Material

- Lang Yarns „Merino 120“ (100 % Schurwolle, Lauflänge 120 m/50 g): je 50 g Hellgrau, Mittelgrau, Gelb, Stahlblau, Weiß, Rot und Grün
- Nadelspiel Nr. 3,5
- Häkelnadel Nr. 3
- Füllwatte

Muster

Glatt rechts: In Runden stets rechte Maschen stricken.

Jacquardmuster A–H: Nach Zählmuster A–H glatt rechts stricken. Den gezeichneten Mustersatz 4x arbeiten. Dabei bis zur 14. Runde in den geraden Runden wie gezeichnet zunehmen, ab der 29. Runde in den ungeraden Runden wie gezeichnet abnehmen. Die 1.–41. Runde 1x stricken.

Maschenprobe

Glatt rechts: 24,5 Maschen und 30 Runden = 10 x 10 cm

So wird's gemacht

Pro Kugel in der jeweiligen Farbe (siehe Zählmuster) 8 Maschen anschlagen. Die Maschen gleichmäßig auf 4 Nadeln verteilen – 2 Maschen pro Nadel. Nach dem jeweiligen Zählmuster stricken, dabei nach und nach die Füllwatte einfüllen. Den Faden lang abschneiden, durch die restlichen 8 Maschen fädeln und diese fest zusammenziehen.

Fertigstellung: Mit dem Endfaden eine Luftmaschenkette häkeln und mit 1 Kettmasche zum Aufhänger schließen.

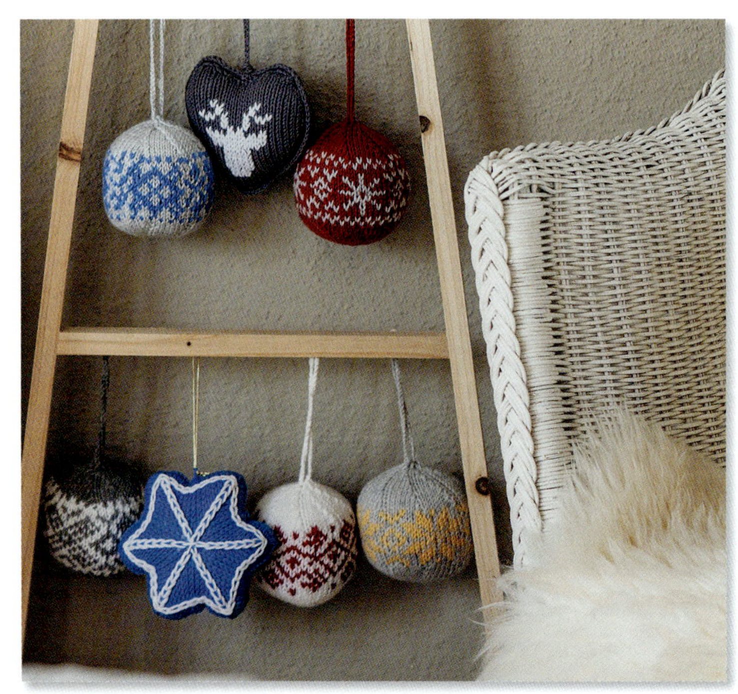

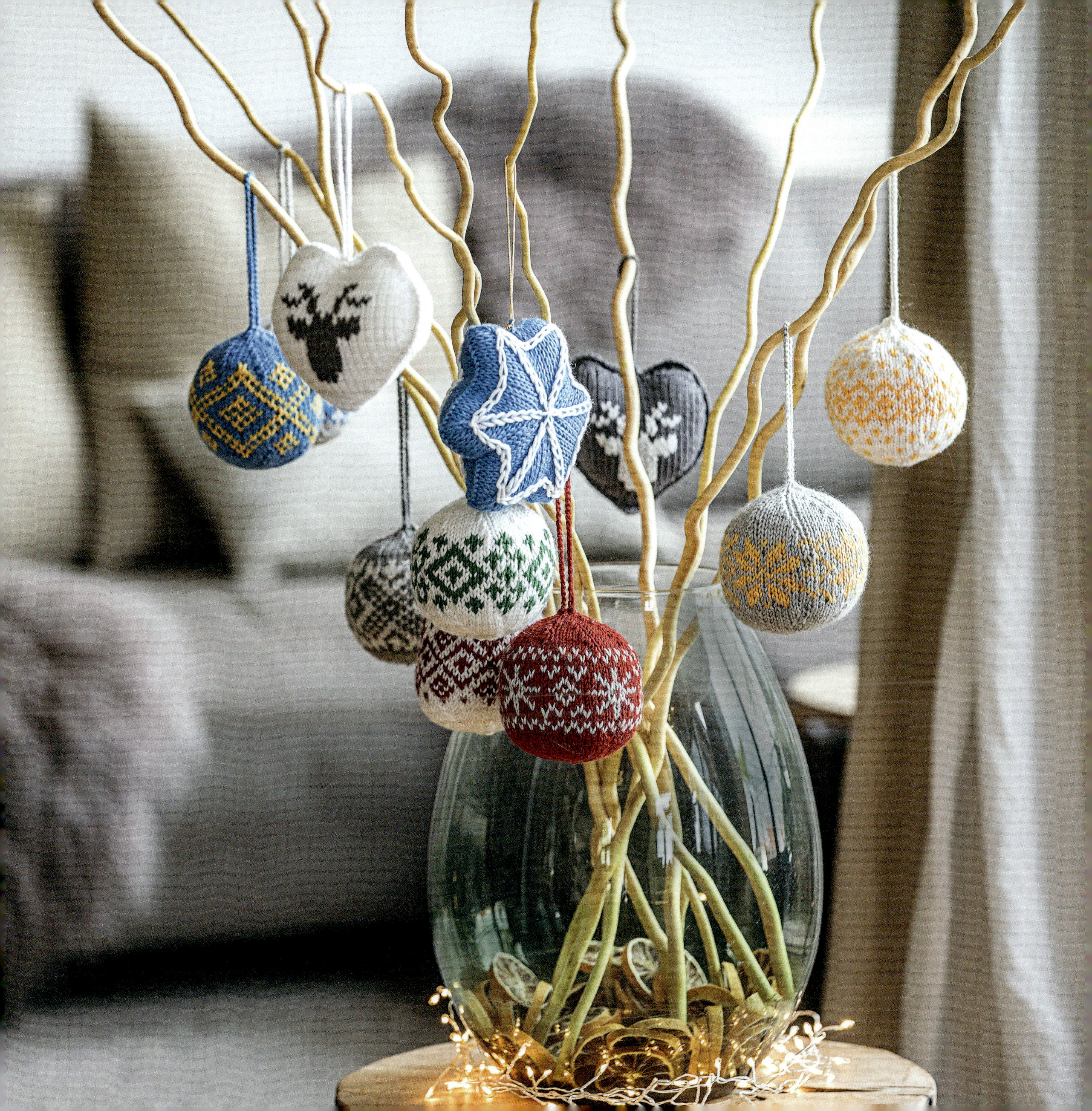

Zählmuster

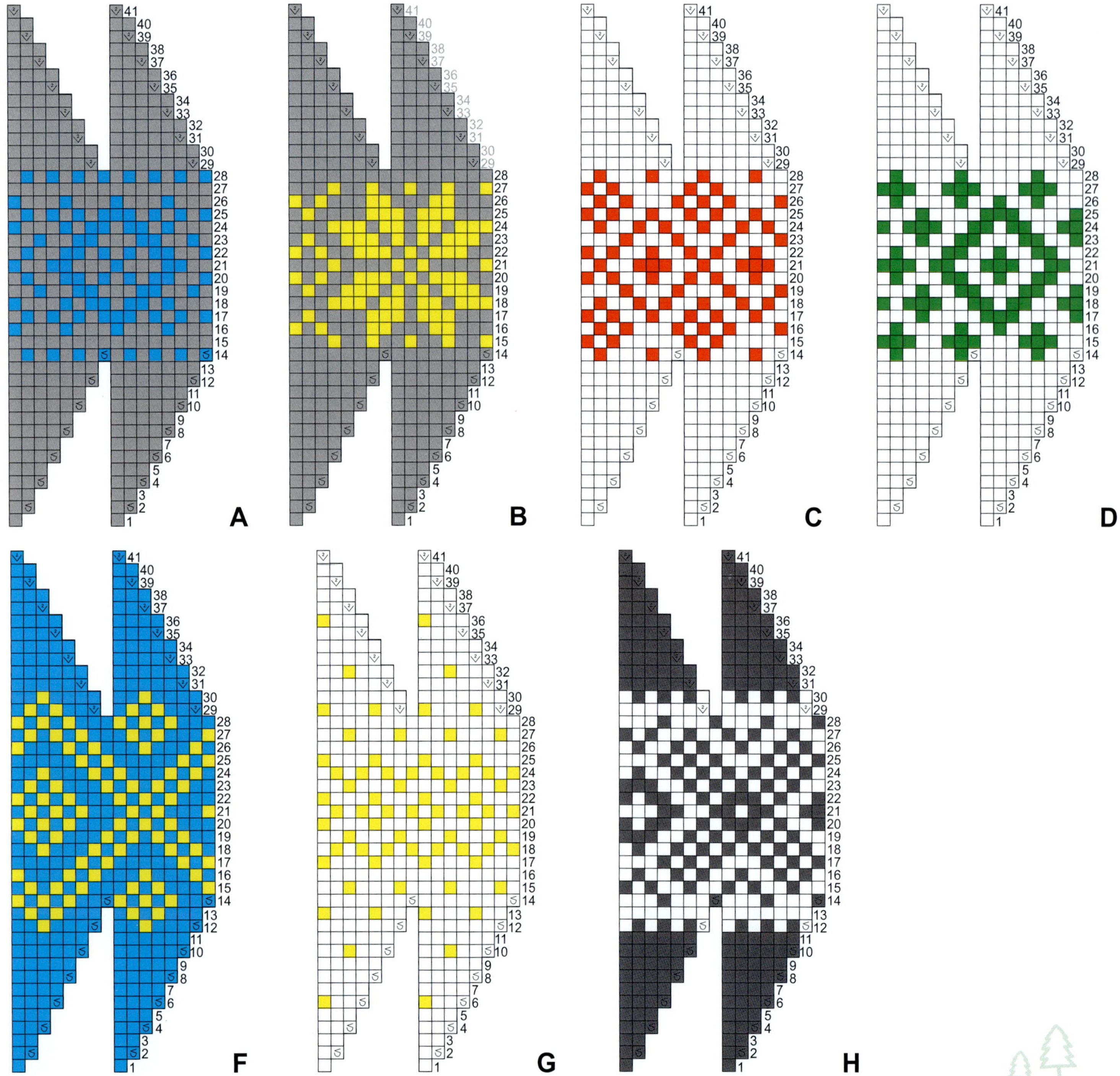

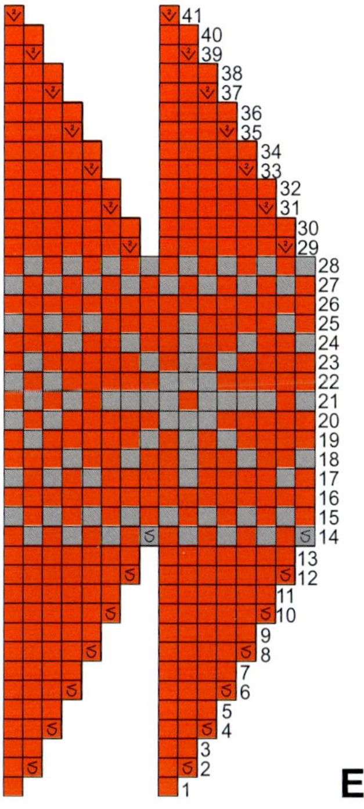

Zeichenerklärung

- ☐ = 1 Masche in Weiß
- ☐ = 1 Masche in Hellgrau
- ☐ = 1 Masche in Mittelgrau
- ☐ = 1 Masche in Gelb
- ☐ = 1 Masche in Stahlblau
- ☐ = 1 Masche in Rot
- ☐ = 1 Masche in Grün
- ☐ = 1 Masche rechts verschränkt aus dem Querfaden herausstricken
- ☐ = 2 Maschen rechts zusammenstricken

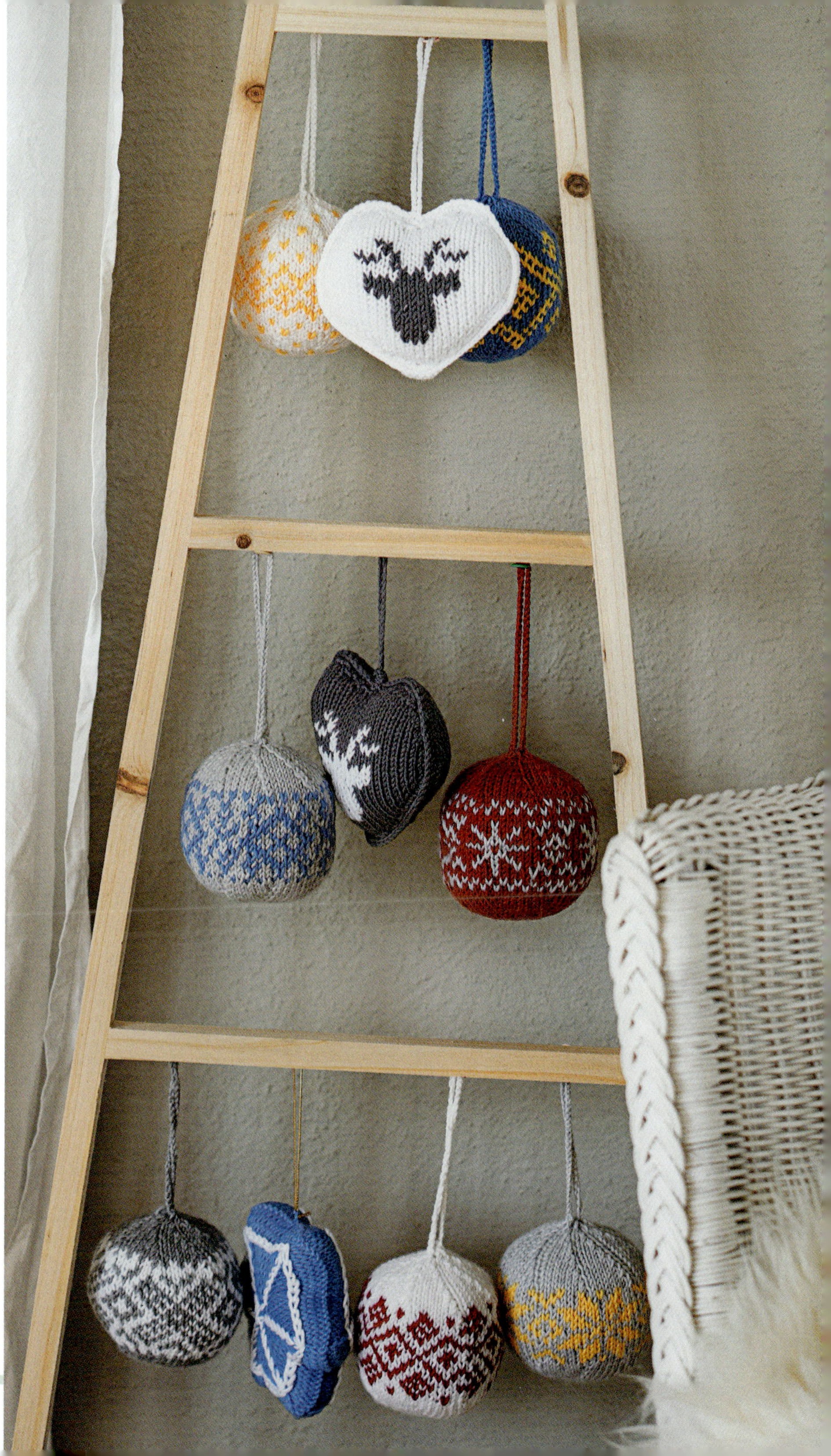

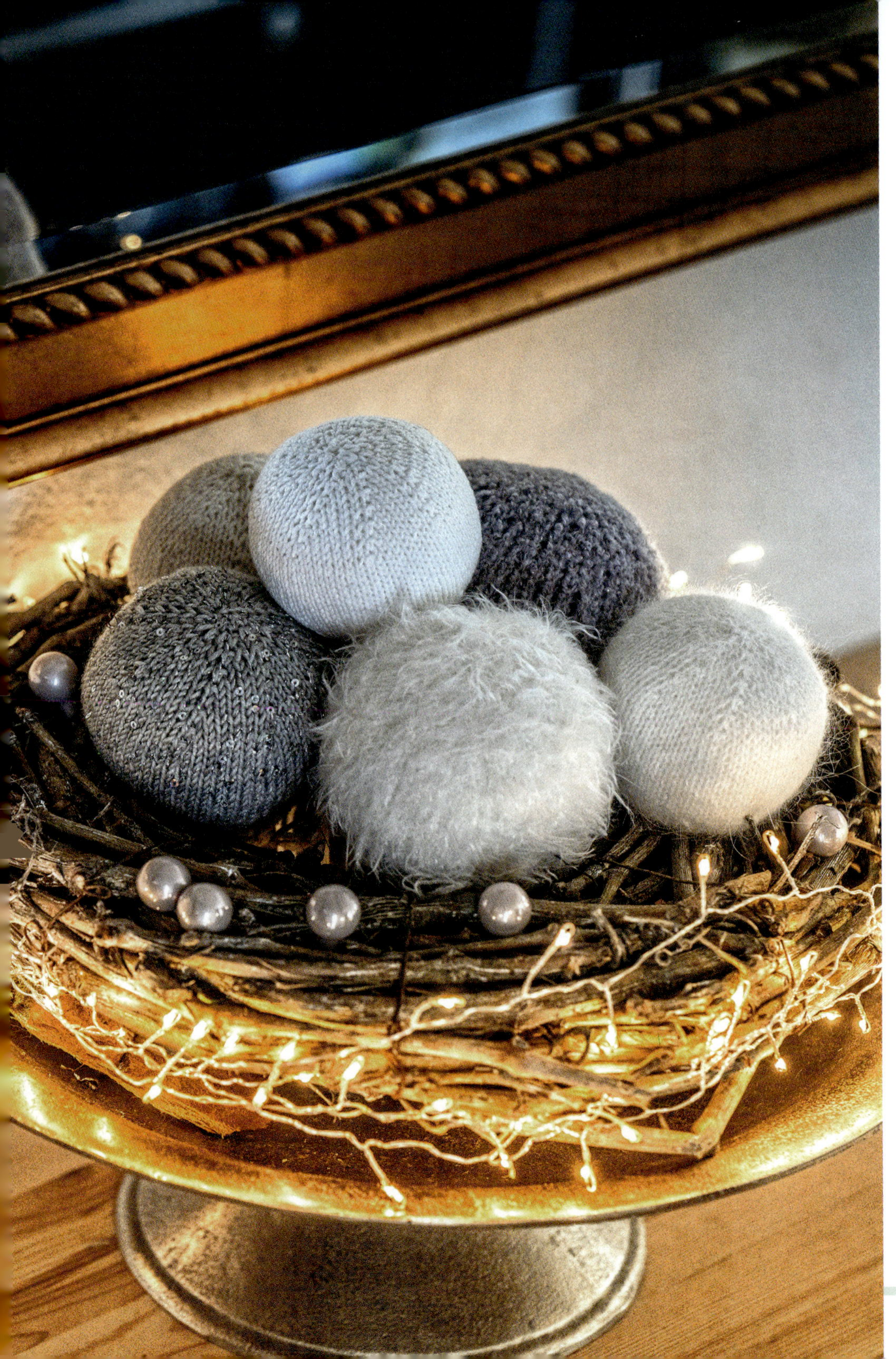

MATERIAL

KUGEL A:

- Lang Yarns „Merino 120" (100 % Schurwolle, Lauflänge 120 m/50 g): 50 g Hellgrau und Online „Starlight" (100 % Polyester metallisiert, Lauflänge 390 m/25 g): 25 g Silber; beide Garne miteinander verstricken (= zweifädig)
- Nadelspiel Nr. 3,5

KUGEL B:

- Lang Yarns „Merino 120" (100 % Schurwolle, Lauflänge 120 m/50 g): 50 g Weiß
- Nadelspiel Nr. 3,5

KUGEL C:

- Schulana „Angora Fashion" (80 % Angora, 20 % Polyamid, Lauflänge 112 m/25 g): 25 g Weiß
- Nadelspiel Nr. 3

KUGEL D:

- Lana Grossa „Elastico" (96 % Baumwolle, 4 % Polyester, Lauflänge 160 m/50 g): 50 g Weiß
- Nadelspiel Nr. 3

KUGEL E:

- Schulana „Dreams" (73 % Polyamid, 15 % Polyacryl, 12 % Schurwolle, Lauflänge 100 m/50 g): 50 g Weiß
- Nadelspiel Nr. 4

Kugeln – glatt und flauschig

GESTRICKT MIT VERSCHIEDENEN GARNEN | GRÖßE: A: 30 CM UMFANG, B: 28 CM UMFANG, C: 26 CM UMFANG , D: 26 CM UMFANG , E: 33 CM UMFANG, F: 38 CM UMFANG | SCHWIERIGKEITSGRAD

KUGEL F:

- Schulana „Brevetto" (34 % Alpaka, 33 % Polyamid, 28 % Schurwolle, 5 % Polyester, Lauflänge 120 m/ 50 g): 50 g Silber
- Nadelspiel Nr. 4

FÜR ALLE KUGELN:

- Sticknadel ohne Spitze
- Füllwatte

MUSTER

Glatt rechts: In Runden stets rechte Maschen stricken.

MASCHENPROBE

Glatt rechts mit „Merino 120" und Nadeln Nr. 3,5: 21,5 Maschen und 30,5 Reihen = 10 x 10 cm

Glatt rechts mit „Angora Fashion" und Nadeln Nr. 3: 24,5 Maschen und 35,5 Reihen = 10 x 10 cm

Glatt rechts mit „Elastico" und Nadeln Nr. 3: 24,5 Maschen und 35,5 Reihen = 10 x 10 cm

Glatt rechts mit „Dreams" und Nadeln Nr. 4: 19,5 Maschen und 28 Reihen = 10 x 10 cm

Glatt rechts mit „Brevetto" und Nadeln Nr. 4: 17 Maschen und 24 Reihen = 10 x 10 cm

SO WIRD'S GEMACHT

ALLE KUGELN: 8 Maschen mit dem jeweiligen Garn anschlagen, auf 4 Nadeln des Nadelspiels verteilen – 2 Maschen je Nadel. Glatt rechts stricken. Für die Form in der 2. Runde aus jeder Masche 2 Maschen herausstricken (= 1 Masche rechts und 1 Masche rechts verschränkt) = 16 Maschen sowie 8 Zunahmestellen. Dann in jeder 2. Runde 6x über den bisherigen Zunahmestellen jeweils 2 Maschen aus 1 Masche herausstricken = 64 Maschen. Dann 15 Runden ohne Zunahmen arbeiten. Danach gleichmäßig verteilt 8 Maschen abnehmen = 56 Maschen. Diese Abnahmen in jeder 2. Runde wiederholen, bis noch 8 Maschen übrig sind. Die Kugel während des Abnehmens nach und nach mit Füllwatte ausstopfen. Die restlichen 8 Maschen mit dem Faden zusammenziehen.

Fertigstellung: Für den Aufhänger einen beliebig langen Faden abschneiden, am oberen Kugelende durch die Maschen ziehen und die Enden verknoten.

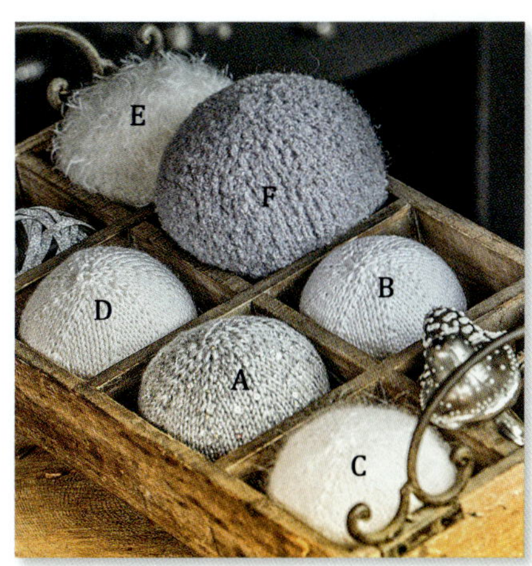

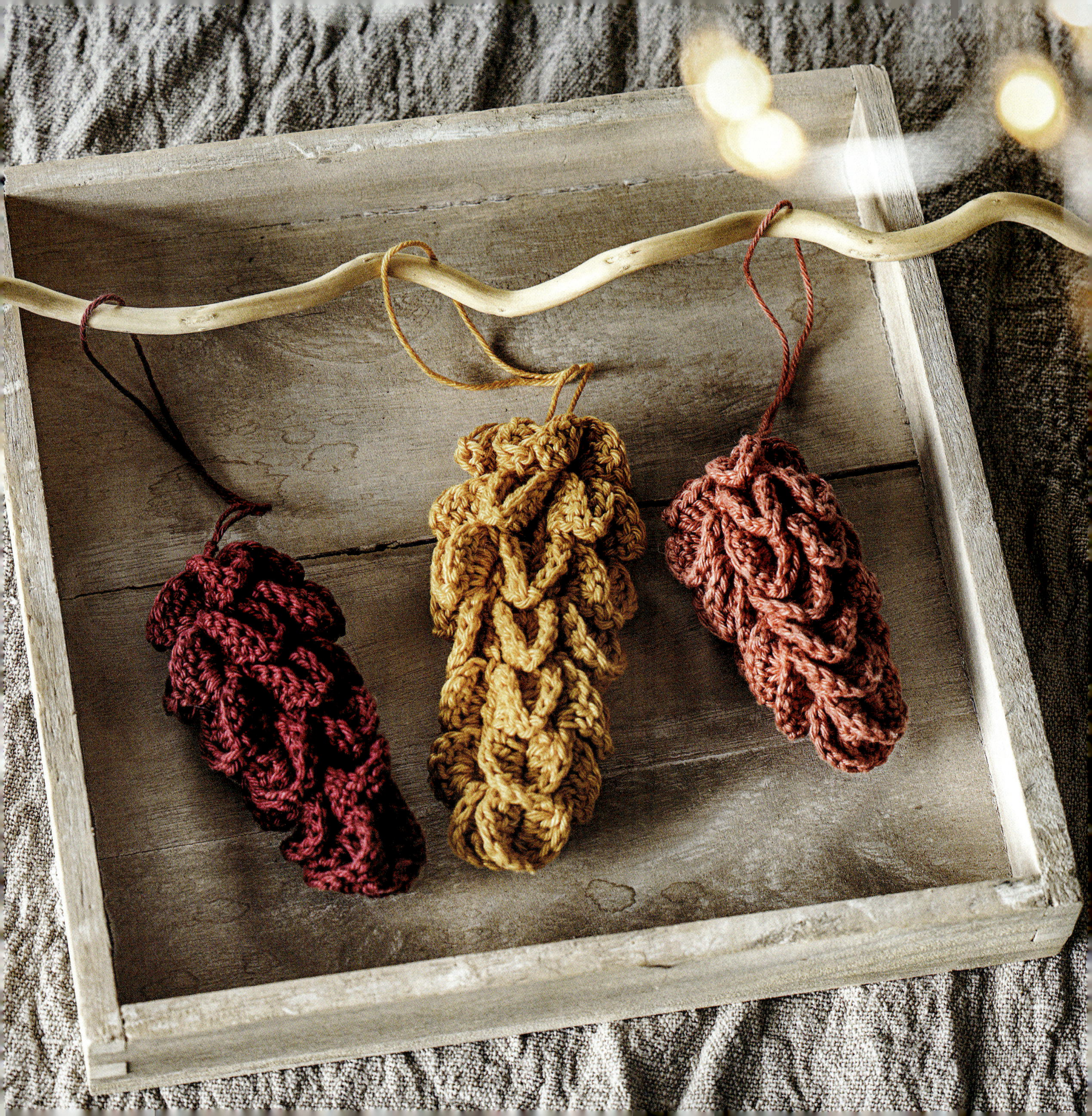

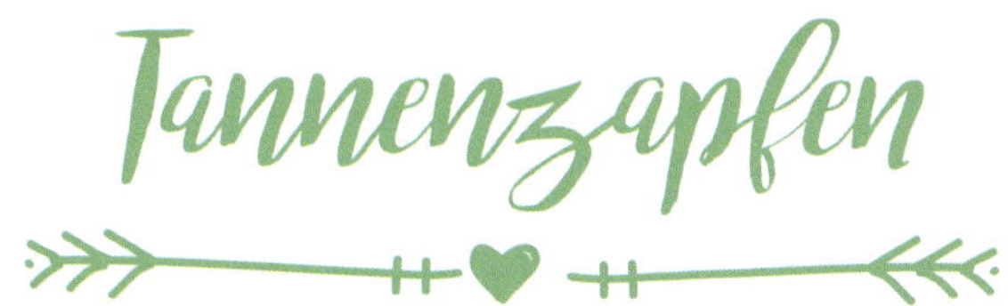

GEHÄKELT IN VERSCHIEDENEN GRÖßEN | GRÖßE: 8 CM, 9 CM UND 11 CM LANG | SCHWIERIGKEITSGRAD 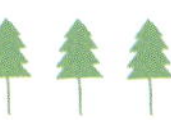

MATERIAL

- Lana Grossa „Cotone" (100 % Baumwolle, Lauflänge 125 m/50 g): je 50 g Terracotta, Bordeaux und Goldgelb
- Häkelnadel Nr. 2,5

MUSTER

Schuppe: Die erste Hälfte einer Schuppe immer von oben nach unten um den Körper eines Stäbchens arbeiten, dann die Arbeit drehen und die zweite Hälfte derselben Schuppe immer von unten nach oben um den Körper des folgenden Stäbchens häkeln. Um den Körper des 1. Stäbchens 5 Stäbchen häkeln (von oben nach unten), 1 Luftmasche, Arbeit drehen, um den Körper des folgenden Stäbchen 5 Stäbchen arbeiten (von unten nach oben), 1 Kettmasche in das folgende Stäbchen = 1 Schuppe.

SO WIRD'S GEMACHT

KLEINER TANNENZAPFEN: 1. Runde: In Terracotta 4 Luftmaschen anschlagen und mit 1 Kettmasche in die 1. Luftmasche zum Ring schließen. Dann immer 1 Grundrunde (die geraden Runden) und 1 Schuppenreihe (die ungeraden Runden) im Wechsel arbeiten.

2. Runde (= Grundrunde): 3 Luftmaschen (= 1. Stäbchen), * 1 Luftmasche, 1 Stäbchen um den Ring, ab * 5x arbeiten, 1 Luftmasche, mit 1 Kettmasche in die oberste Ersatzluftmasche zur Runde schließen = 6 Stäbchen und 6 Luftmaschen. Die Schuppenreihen immer auf der Außenseite der Grundrunde arbeiten.

3. Runde (= Schuppenreihe): 2 Schuppen häkeln.

4. Runde: 3 Luftmaschen (= 1. Stäbchen), 1 Stäbchen um den Körper des 1. Stäbchens der 1. Schuppe, 1 Stäbchen in die Schuppenmitte, 1 Stäbchen um den Körper des letzten Stäbchens der 1. Schuppe, 1 Stäbchen zwischen die 1. und 2. Schuppe, 1 Stäbchen um den Körper des 1. Stäbchens der 2. Schuppe, 1 Stäbchen in die Schuppenmitte, 2 Stäbchen um den Körper des letzten Stäbchens der 2. Schuppe, mit 1 Kettmasche in die oberste Ersatzluftmasche zur Runde schließen = 9 Stäbchen.

5. Runde: 3 Schuppen häkeln.

6. Runde: 3 Luftmaschen (= 1. Stäbchen), * 1 Stäbchen um den Körper des 1. Stäbchens der Schuppe, 1 Stäbchen in die Schuppenmitte, 1 Stäbchen um den

Körper des letzten Stäbchens der Schuppe, 1 Stäbchen zwischen die Schuppen, ab * 2x arbeiten, 1 Stäbchen um den Körper des 1. Stäbchens der Schuppe, 1 Stäbchen in die Schuppenmitte, 1 Stäbchen um den Körper des letzten Stäbchens der Schuppe, mit 1 Kettmasche in die oberste Ersatzluftmasche zur Runde schließen = 12 Stäbchen.

7. Runde: 4 Schuppen häkeln.

8. Runde: 3 Luftmaschen (= 1. Stäbchen), 1 Stäbchen in die Schuppenmitte, 1 Stäbchen um den Körper des letzten Stäbchens der Schuppe, 1 Stäbchen zwischen die Schuppen, * 1 Stäbchen um den Körper des 1. Stäbchens der Schuppe, 1 Stäbchen in die Schuppenmitte, 1 Stäbchen um den Körper des letzten Stäbchens der Schuppe, 1 Stäbchen zwischen die Schuppen, ab * 2x arbeiten, 1 Stäbchen um den Körper des 1. Stäbchens der Schuppe, 1 Stäbchen in die Schuppenmitte, 1 Stäbchen um den Körper des letzten Stäbchens der Schuppe, mit 1 Kettmasche in die oberste Ersatzluftmasche zur Runde schließen = 15 Stäbchen.

9. Runde: 5 Schuppen häkeln.

10. Runde: 3 Luftmaschen (= 1. Stäbchen), 1 Stäbchen in dieselbe Masche wie die Ersatzluftmasche, * 1 Stäbchen in die Schuppenmitte, 2 Stäbchen zwischen die Schuppen, ab * 4x arbeiten, 1 Stäbchen um den Körper des 1. Stäbchens der Schuppe, 1 Stäbchen in die Schuppenmitte, 2 Stäbchen um den Körper des letzten Stäbchens der Schuppe, mit 1 Kettmasche in die oberste Ersatzluftmasche zur Runde schließen = 18 Stäbchen.

11. Runde: 6 Schuppen häkeln.

12. Runde: 3 Luftmaschen (= 1. Stäbchen), 1 Stäbchen in dieselbe Masche wie die Ersatzluftmasche, * 1 Stäbchen in die Schuppenmitte, 2 Stäbchen zwischen die Schuppen, ab * 5x arbeiten, 1 Stäbchen in die Schuppenmitte, mit 1 Kettmasche in die oberste Ersatzluftmasche zur Runde schließen = 18 Stäbchen.

13. Runde: 6 Schuppen häkeln.

14. Runde: 3 Luftmaschen (= 1. Stäbchen), * 1 Stäbchen in die Schuppenmitte, 1 Stäbchen zwischen die Schuppen, ab * 5x arbeiten, 1 Stäbchen in die Schuppenmitte, mit 1 Kettmasche in die oberste Ersatzluftmasche zur Runde schließen = 12 Stäbchen.

15. Runde: 4 Schuppen häkeln.

Den Faden ca. 23 cm lang abschneiden und durchziehen. Den Faden in die Nadel fädeln und die Nadel jeweils durch die Mitte jeder Schuppe stechen und danach die Maschen zusammenziehen. Zum Sichern noch einmal durchstechen. Den Faden zur Hälfte legen und nah am Tannenzapfen mit einem Knoten befestigen.

GROßER TANNENZAPFEN: Wie den kleinen Tannenzapfen häkeln, jedoch in Goldgelb und in den geraden Runden Doppelstäbchen statt Stäbchen häkeln und das 1. Doppelstäbchen immer durch 4 Luftmaschen ersetzen.

MITTLERER TANNENZAPFEN: Wie den großen Tannenzapfen häkeln, jedoch in Bordeaux. Die 12. und 13. Runde nicht arbeiten, sondern nach der 11. Runde die 14. und 15. Runde häkeln.

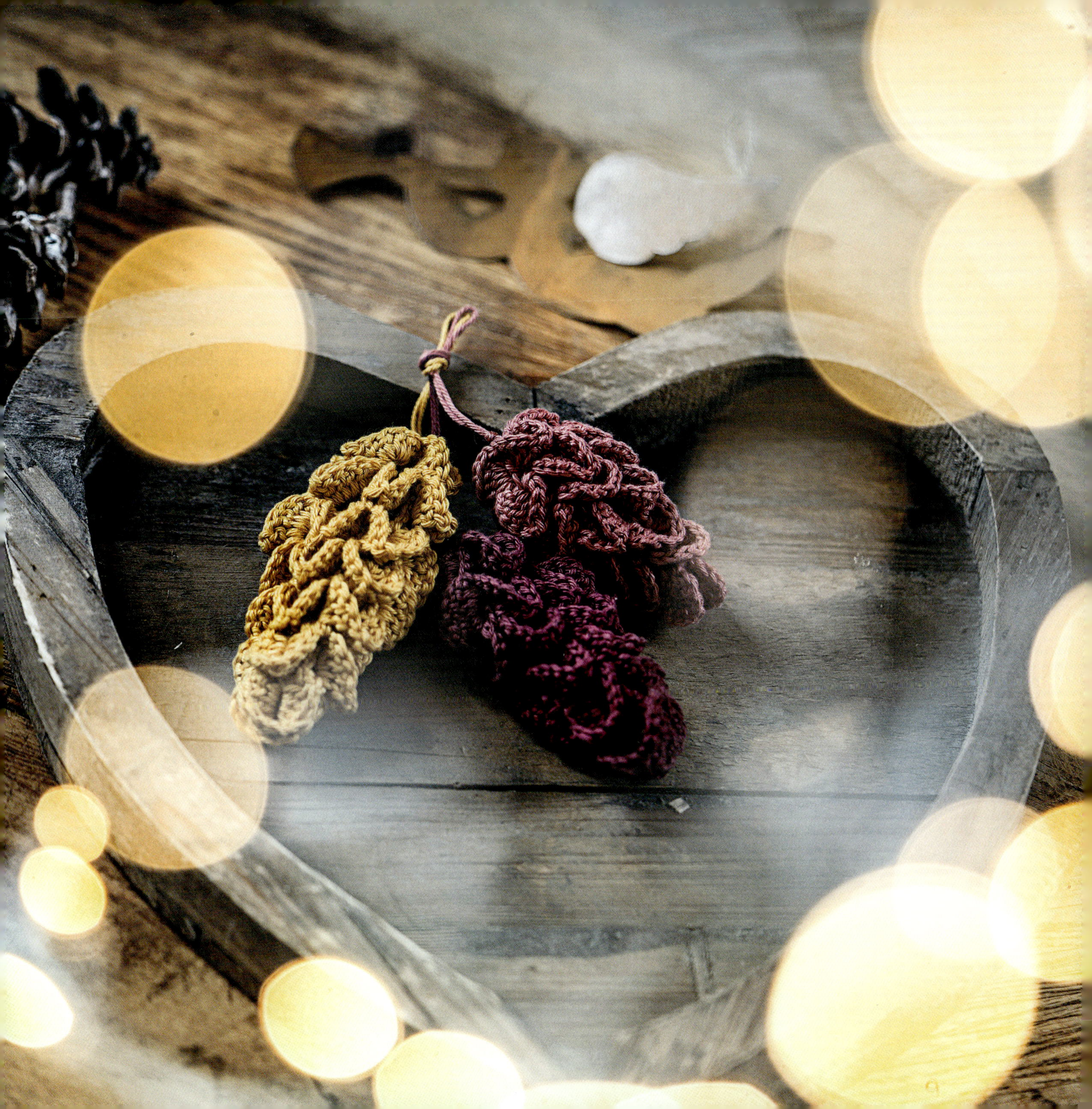

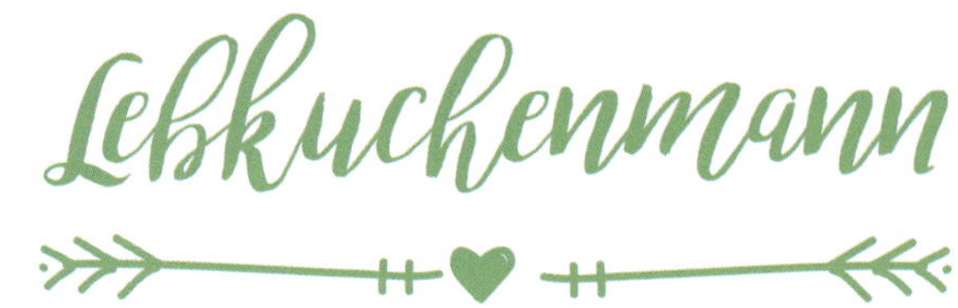

Lebkuchenmann

GEHÄKELT UND BESTICKT | GRÖßE: 7,5 CM BREIT, 10,5 CM HOCH | SCHWIERIGKEITSGRAD 

MATERIAL

- Lana Grossa „Elastico" (96 % Baumwolle, 4 % Polyester, Lauflänge 160 m/50 g): 50 g Mokka und ein Rest Weiß
- Häkelnadel Nr. 4
- Sticknadel ohne Spitze
- Band in Rot, 5 mm breit, ca. 35 cm

MUSTER

Feste Maschen in Reihen: Gemäß Häkelschrift arbeiten, dabei jeweils wie angegeben am Reihenanfang 2 Luftmaschen häkeln.

MASCHENPROBE

12 Maschen und 21 Reihen = 6,5 x 9,5 cm

SO WIRD'S GEMACHT

In Mokka laut Häkelschrift zunächst Kopf, Körper und Beine an einem Stück arbeiten und von oben nach unten häkeln, d. h. am Kopf beginnen. Nach Beendigung des zweiten Beins den Faden nicht abschneiden, er wird noch zum Umhäkeln gebraucht. Dann beidseitig die Arme laut Häkelschrift arbeiten. Zum Schluss das ganze Teil mit festen Maschen umhäkeln: An einem Bein beginnen, den Übergang vom Bein zum Arm mit 2 Kettmaschen, den Übergang vom Arm zum Hals mit 3 Kettmaschen übergehen und zwischen den Beinen 2 feste Maschen zusammen abmaschen, 1 feste Masche häkeln und 2 feste Maschen zusammen abmaschen.

Fertigstellung: In Weiß den Mund mit Vorstichen, die Augen mit Plattstichen und die Beine sowie die mittige Linie mit Kreuzstichen aufsticken. Vom roten Bändchen 15 cm abschneiden, um den Hals binden und in der Mitte zur Schleife binden; Enden passend kürzen. Für den Aufhänger die restlichen 20 cm des Bändchens am oberen Kopfende einfädeln und die Enden verknoten.

Häkelschrift

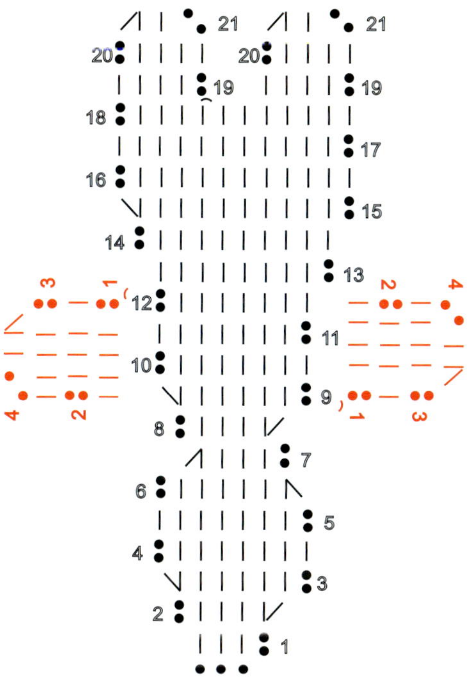

Zeichenerklärung

- • = 1 Luftmasche
- ⌢ = 1 Kettmasche
- | = 1 feste Masche

Laufen die Zeichen unten zusammen, die Maschen in eine Einstichstelle häkeln. Laufen die Zeichen oben zusammen, die Maschen zusammen abmaschen.

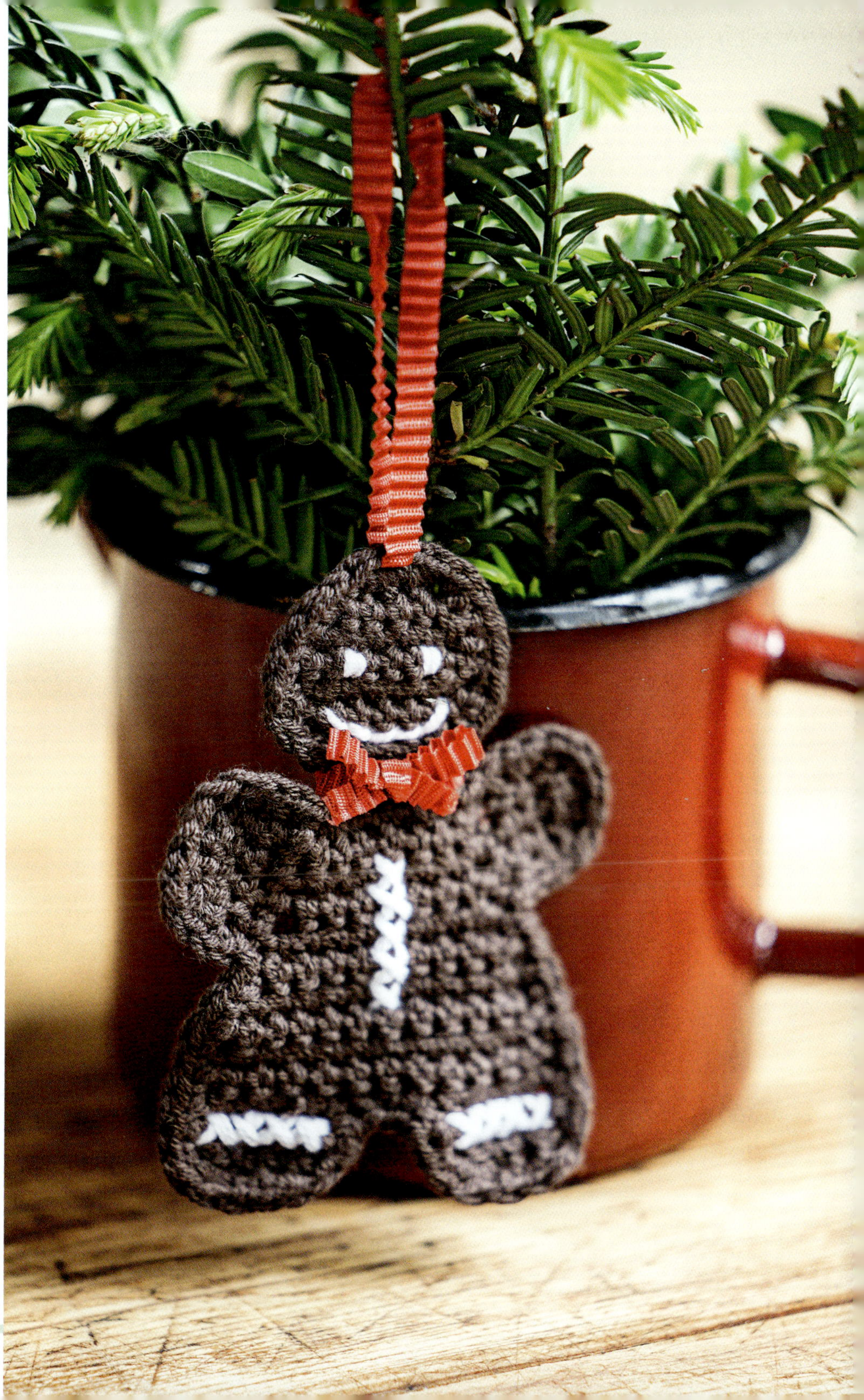

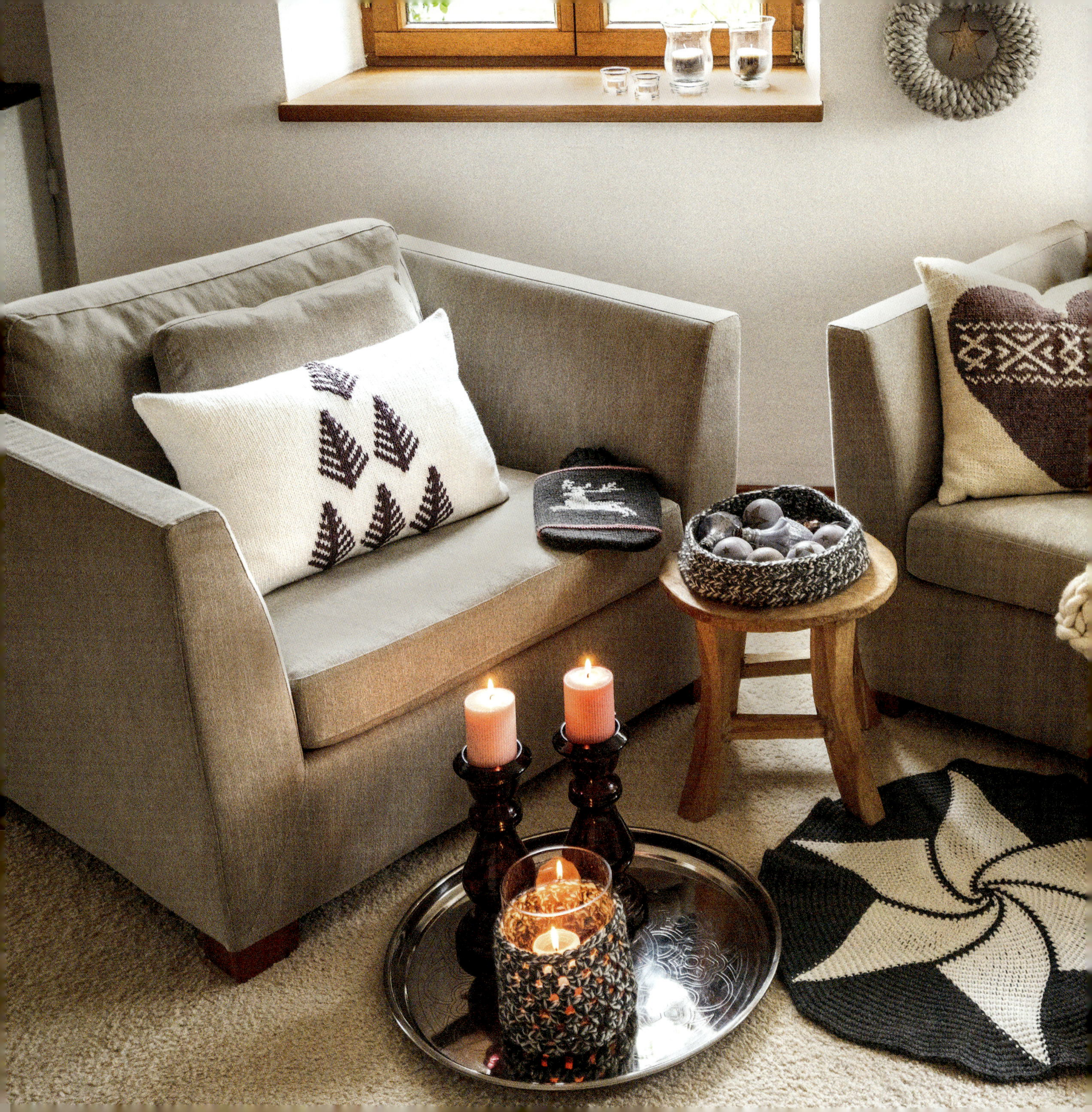

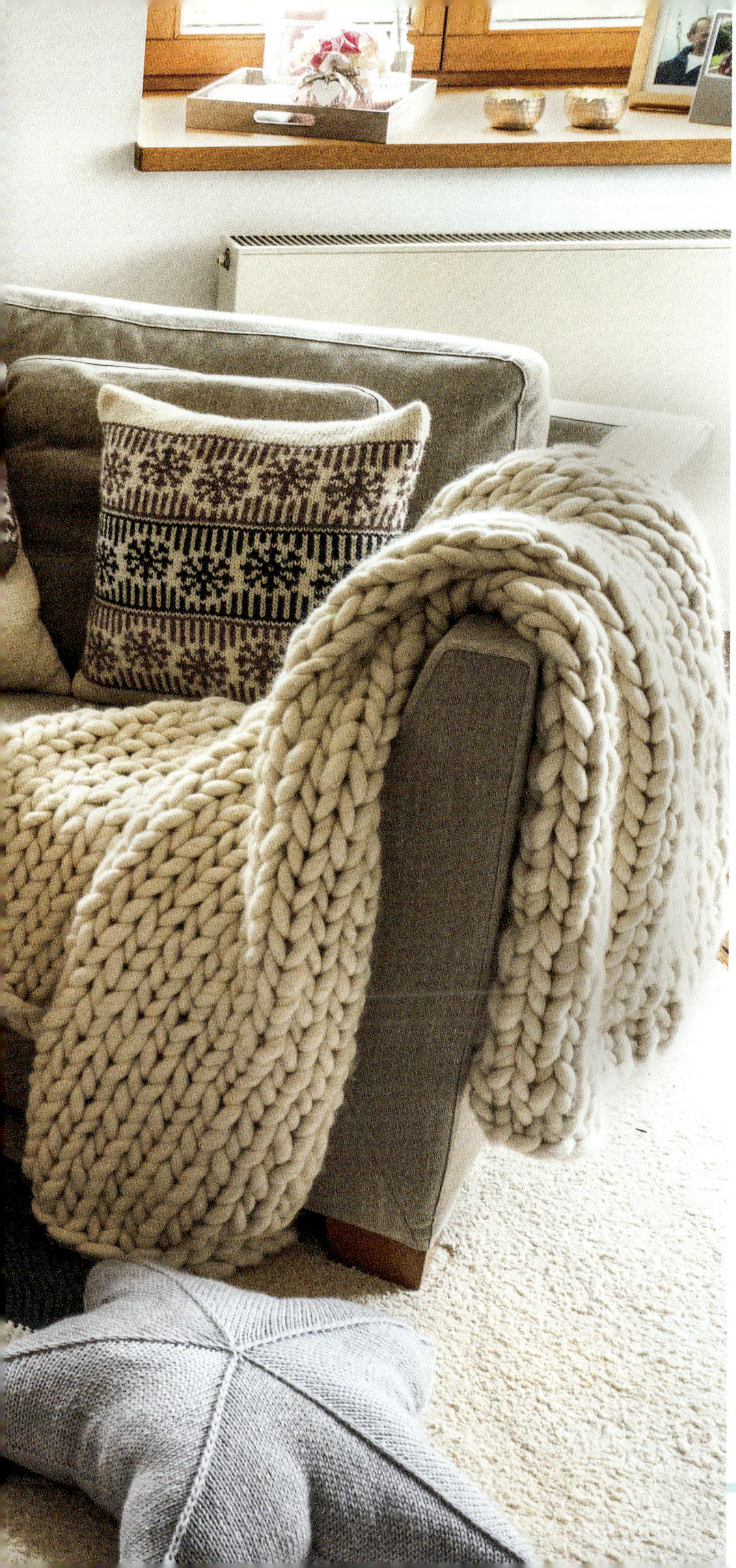

Festliche Wohnaccessoires

WINTERNACHT

Wie ist so herrlich die Winternacht,
es glänzt der Mond in voller Pracht
mit den silbernen Sternen am Himmelszelt.
Es zieht der Frost durch Wald und Feld
und überspinnet jedes Reis
und alle Halme silberweiß.
Er hauchet über dem See, und im Nu,
noch eh' wir's denken, friert er zu.
So hat der Winter auch unser gedacht
und über Nacht uns Freude gebracht.
Nun wollen wir auch dem
Winter nicht grollen
und ihm auch Lieder des Dankes zollen.

Hoffmann von Fallersleben

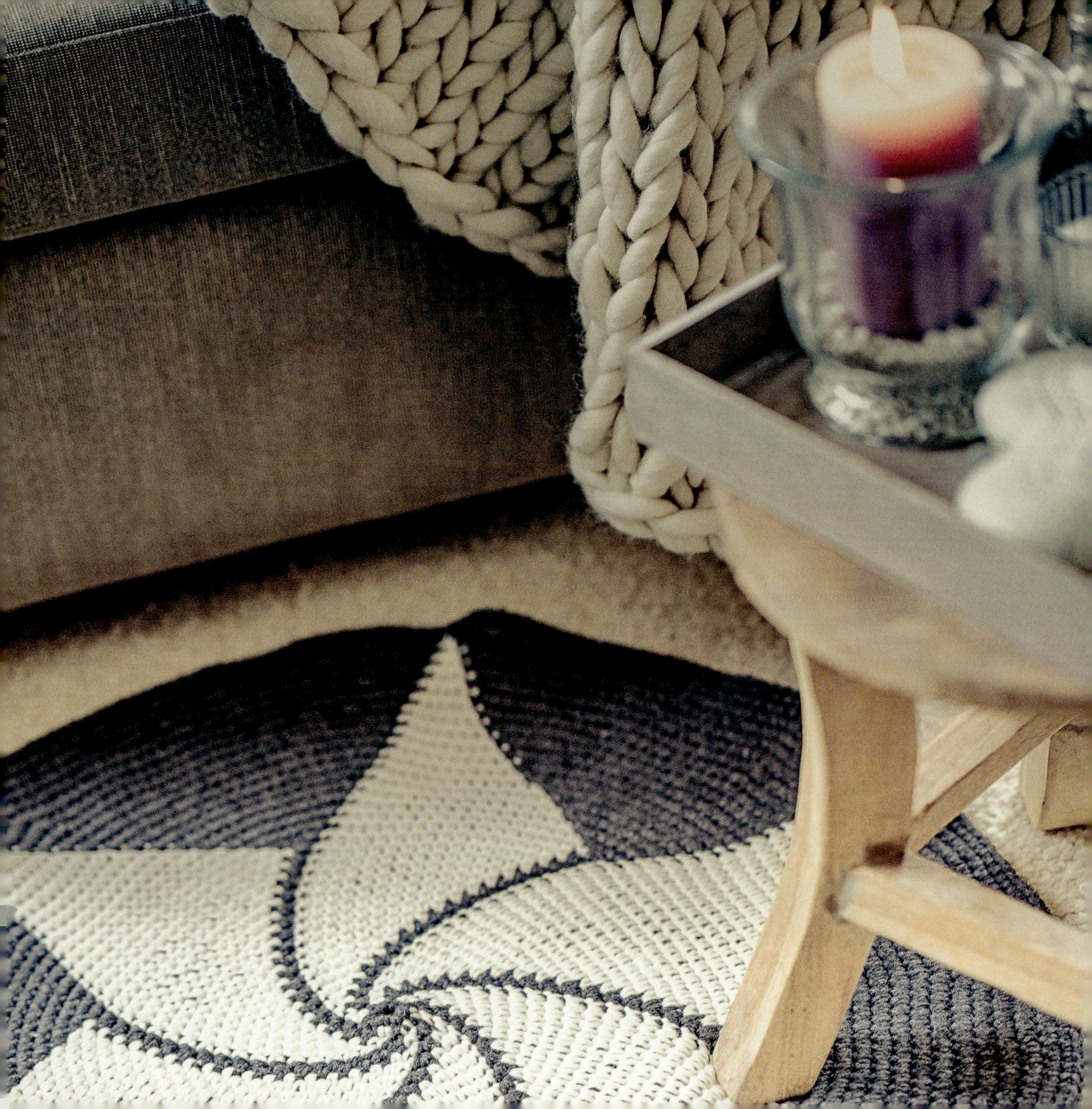

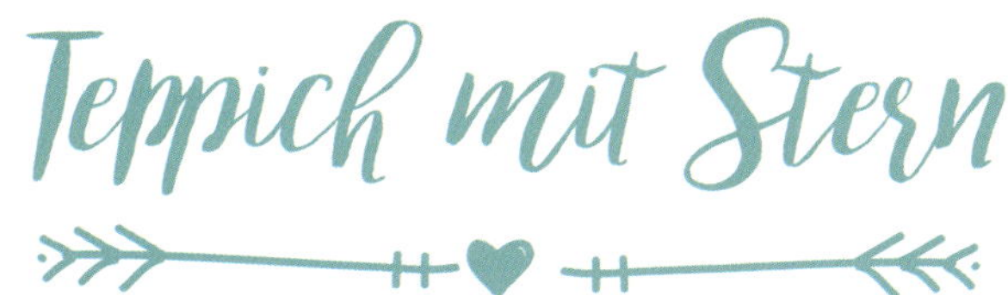

Teppich mit Stern

GEHÄKELT IN SPIRALRUNDEN | GRÖẞE: Ø 65 CM | SCHWIERIGKEITSGRAD 🌲 BIS 🌲🌲

MATERIAL

- Lana Grossa „Mille II" (50 % Schurwolle, 50 % Polyamid, Lauflänge 55 m/50 g): 250 g Dunkelgrau meliert und 200 g Rohweiß
- Häkelnadel Nr. 6
- Maschenmarkierer

MUSTER

Feste Maschen in Spiralrunden:
Soweit nicht anders angegeben, die Runden nicht mit 1 Kettmasche schließen, sondern direkt in die 1. Masche der Vorrunde einstechen. Den Rundenbeginn mit einem Maschenmarkierer kennzeichnen.

MASCHENPROBE

12,5 feste Maschen und 13 Runden = 10 x 10 cm

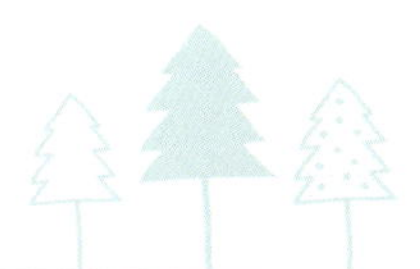

SO WIRD'S GEMACHT

In Dunkelgrau meliert 3 Luftmaschen anschlagen, mit 1 Kettmasche zum Ring schließen. Beim Farbwechsel innerhalb einer Runde die letzte Schlinge der in Arbeit befindlichen Farbe bereits mit der neuen Farbe abmaschen. Den Rundenbeginn und später auch die Zunahmestellen mit einem Maschenmarkierer kennzeichnen.

1. Runde: 6 feste Maschen um den Ring häkeln. Diese Runde mit 1 Kettmasche in die 1. Masche zur Runde schließen. Den Rundenbeginn mit einem Maschenmarkierer markieren und die Markierung mitführen.

Nun in Spiralrunden weiterarbeiten, dabei den Arbeitsfaden der jeweils ruhenden Farbe mitlaufen lassen und überhäkeln.

2. Runde: In jede Masche der Vorrunde 1 feste Masche in Dunkelgrau meliert und 1 feste Masche in Rohweiß häkeln = 12 Maschen.

3. Runde: * 2 feste Maschen in Dunkelgrau meliert in 1 feste Masche, 1 feste Masche in Rohweiß in die folgende Masche, ab * 6x arbeiten = 18 Maschen.

4. Runde: * 2 feste Maschen in Dunkelgrau meliert in 1 feste Masche, je 1 feste Masche in Rohweiß in die folgenden 2 Maschen, ab * 6x arbeiten = 24 Maschen.

5.–19. Runde: Wie die 4. Runde arbeiten, dabei in jeder Runde pro Rapport 1 feste Masche mehr in Rohweiß häkeln = 6 Maschen mehr pro Runde. Es sind nun pro Rapport 2 Maschen in Dunkelgrau und 18 Maschen in Rohweiß vorhanden = 114 Maschen insgesamt.

20. Runde: * In Dunkelgrau 2 feste Maschen in 1 Masche, 1 feste Masche, 2 feste Maschen in die folgende rohweiße Masche, in Rohweiß je 1 feste Masche in die folgenden 16 Maschen = 21 Maschen, ab * 6x arbeiten = 126 Maschen.

21.–30. Runde: Wie die 20. Runde arbeiten, dabei in jeder Runde pro Rapport 3 feste Maschen mehr in Dunkelgrau und 1 feste Masche weniger in Rohweiß häkeln = 41 Maschen pro Rapport = 246 Maschen insgesamt.

31. Runde: Den Farbwechsel-Rhythmus wie bisher arbeiten, jedoch die Zunahmen wie folgt versetzen: 6x in jede 41. Masche je 2 feste Maschen häkeln = 42 Maschen pro Rapport = 252 Maschen insgesamt.

32.–36. Runde: Wie die 31. Runde arbeiten, dabei in jeder Runde über den bisherigen Zunahmestellen 12x je 2 feste Maschen in 1 Masche arbeiten = 312 Maschen. Es ist danach nur noch 1 rohweiße Masche pro Rapport übrig.

37. Runde: Ohne Zunahmen feste Maschen in Dunkelgrau häkeln. Die Runde mit 1 Kettmasche in die 1. feste Masche schließen.

Fertigstellung: Den Teppich mit der Rückseite nach oben auslegen und mit dem Dampfbügeleisen bügeln, dabei rund in Form ziehen. Trocknen lassen.

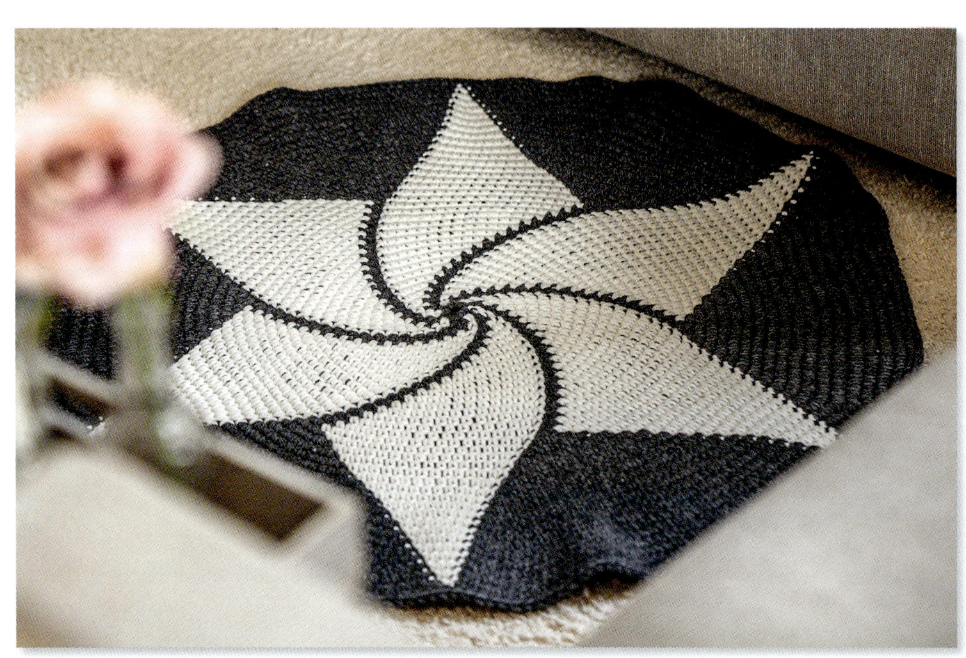

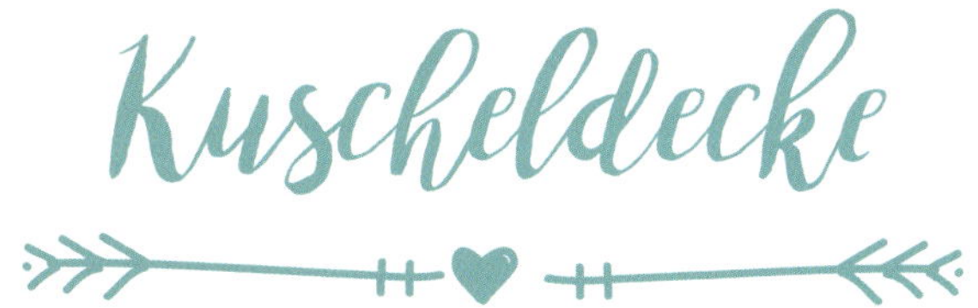

Kuscheldecke

GESTRICKT MIT DICKEM GARN | GRÖẞE: 109 X 145 CM | SCHWIERIGKEITSGRAD

MATERIAL

- Schoppel „Miss Wool" (100 % Schurwolle, Lauflänge 50 m/500 g): 3000 g Natur
- Stricknadeln Nr. 35

MUSTER

Glatt rechts: In Hinreihen rechte Maschen, in Rückreihen linke Maschen stricken.

MASCHENPROBE

Glatt rechts: 2,5–3 Maschen und 3,5 Reihen = 10 x 10 cm

SO WIRD'S GEMACHT

30 Maschen anschlagen und 145 cm = 51 Reihen glatt rechts stricken. Dann alle Maschen abketten.

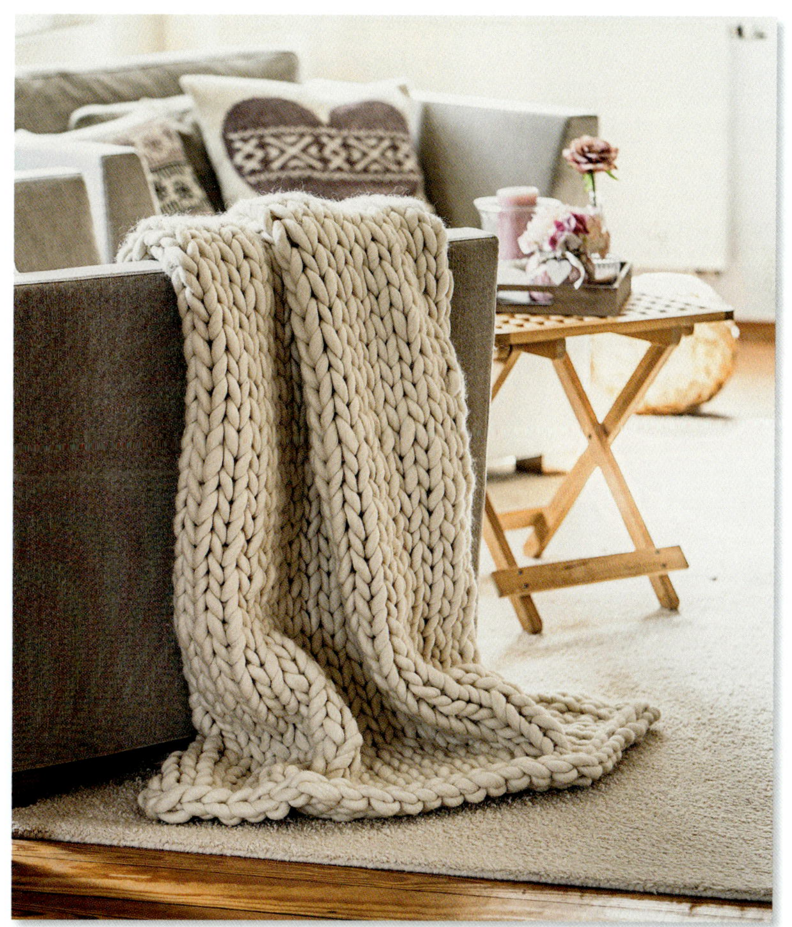

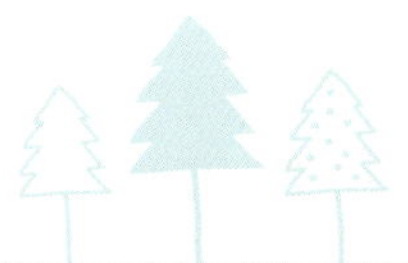

Kissen in Sternform

GESTRICKT | GRÖßE: ø 55 CM | SCHWIERIGKEITSGRAD 

MATERIAL

- Lana Grossa „Bingo“ (100% Schurwolle, Lauflänge 80 m/50 g): 250 g Hellgrau meliert
- Rundstricknadel Nr. 5, 80 cm lang
- Nadelspiel Nr. 5
- 5 Maschenmarkierer
- Füllwatte

MUSTER

Glatt rechts: In Runden stets rechte Maschen stricken.

MASCHENPROBE

Glatt rechts: 16 Maschen und 23 Runden = 10 x 10 cm

SO WIRD'S GEMACHT

1. STERNHÄLFTE: 355 Maschen anschlagen und 1 Runde linke Maschen stricken. Zur besseren Übersicht die Eckmaschen markieren = die 36., 107., 178., 249. und 320. Masche. Dann glatt rechts stricken, dabei 35x in jeder Runde jeweils die markierten Eckmaschen mit der Masche davor und danach rechts überzogen zusammenstricken (= 2 Maschen wie zum Rechtsstricken abheben, 1 Masche rechts stricken, dann die abgehobenen Masche überziehen) = 5 Maschen. Mit abnehmender Maschenzahl auf das Nadelspiel wechseln. Die restlichen Maschen mit dem Faden zusammenziehen.

2. STERNHÄLFTE: Aus dem Anschlag der 1. Sternhälfte 355 Maschen auffassen und wie die 1. Sternhälfte stricken, dabei nach und nach mit Füllwatte ausstopfen.

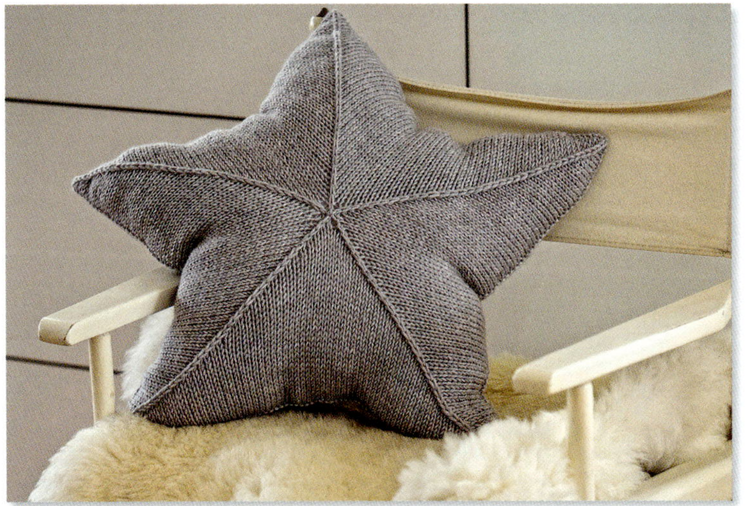

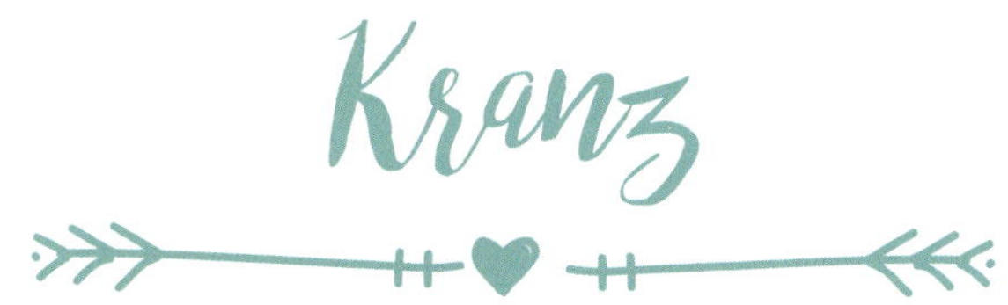

Kranz

Um einen Styroporring gestrickt | Größe: 95 cm Umfang | Schwierigkeitsgrad

MATERIAL

- Schoppel „Miss Wool“ (100 % Schurwolle, Lauflänge 50 m/500 g): 500 g Mittelgraumelange
- mittelstarker Wollfaden in Grau, ca. 150 cm lang
- Stricknadeln Nr. 20
- Sticknadel ohne Spitze
- Styroporring, 95 cm Umfang

MUSTER

Glatt links: In Hinreihen linke Maschen, in Rückreihen rechte Maschen stricken.

MASCHENPROBE

Glatt links: 4 Maschen und 5 Reihen = 12 x 10 cm

SO WIRD'S GEMACHT

8 Maschen mit einem kontrastfarbenen dünneren Hilfsfaden anschlagen. Dann zum Garn in Mittelgraumelange wechseln und glatt links stricken. Nach 95 cm alle Maschen stilllegen. Den Hilfsfaden auflösen und die Maschen auf eine Nadel nehmen. Dann das Teil links auf links zusammenlegen (beide Nadeln liegen hintereinander) und jeweils 1 Masche der vorderen und 1 Masche der hinteren Nadel rechts zusammenstricken und gleich abketten.

Fertigstellung: Das zum Ring geschlossene Teil um den Styroporring legen. Die Seitenkanten mit dem grauen Wollfaden mit Überwendlingsstichen zusammennähen, dabei jeweils nur eine halbe Randmasche erfassen. Den Faden fest anziehen, sodass er nicht mehr sichtbar ist. 100 cm des dicken Garns abschneiden und als Aufhängung um den Kranz binden. Die durch das Zusammenstricken entstandene „Rille“ sollte oben sein und der Aufhängungsfaden durch die „Rille“ laufen.

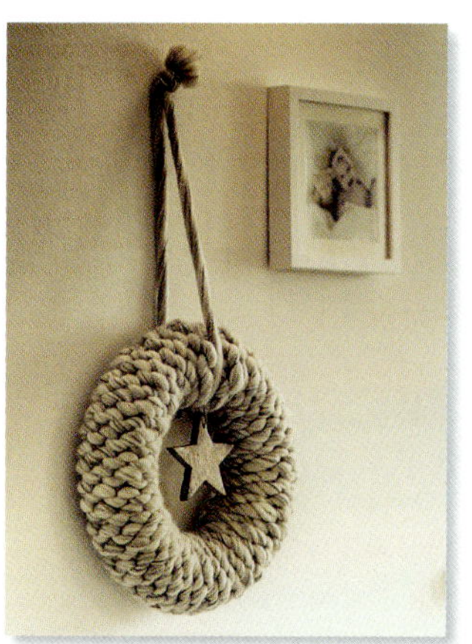

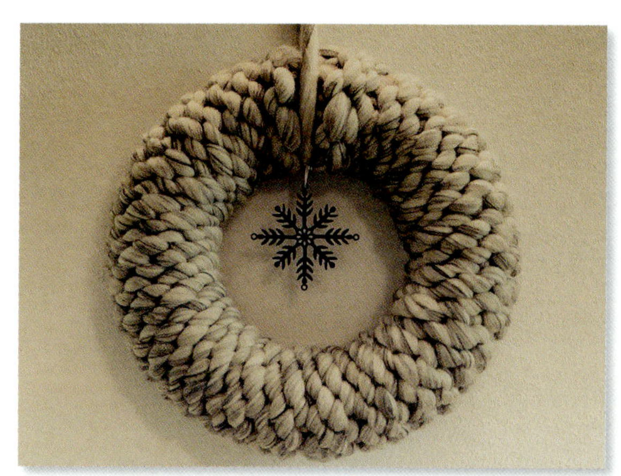

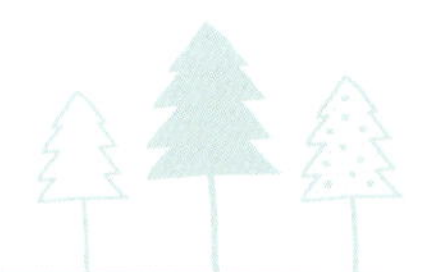

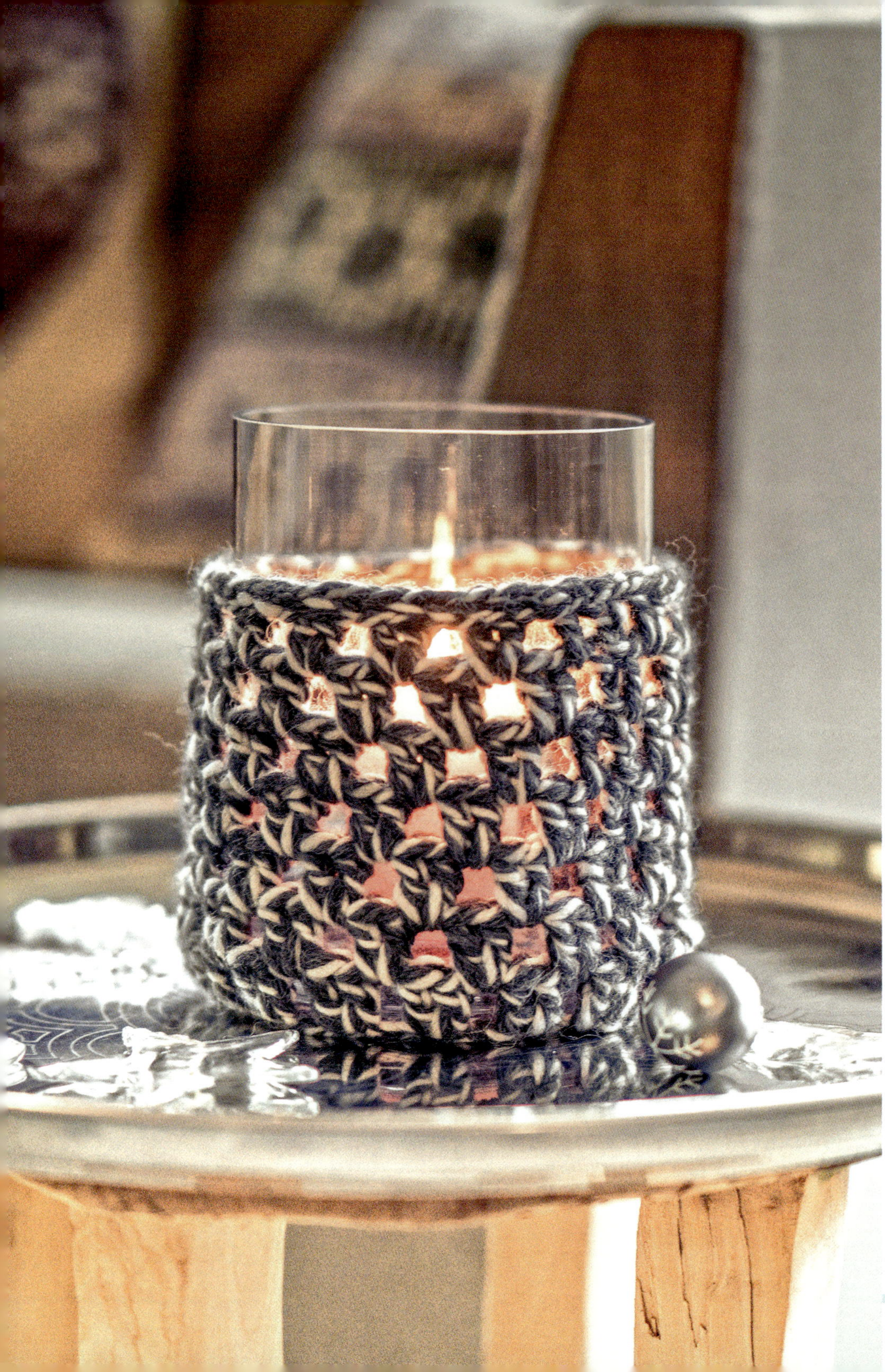

MATERIAL

- Schulana „Piumino“ (68 % Schurwolle, 29 % Alpaka, 3 % Polyester, Lauflänge 32 m/ 50 g): 100 g in Natur/Hellgrau/ Dunkelgrau (Farbe 15).
- Häkelnadel Nr. 7 und Nr. 9
- zylindrisches Glas, ø 14,5 cm, 20 cm hoch

MUSTER

Feste Maschen in Runden:
Siehe Anleitung.
Stäbchen in Runden:
Siehe Anleitung.

MASCHENPROBE

11 feste Maschen und 8 Runden = 10 x 10 cm

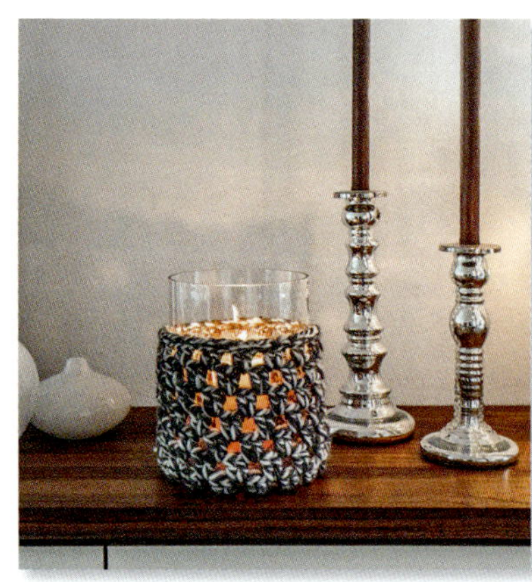

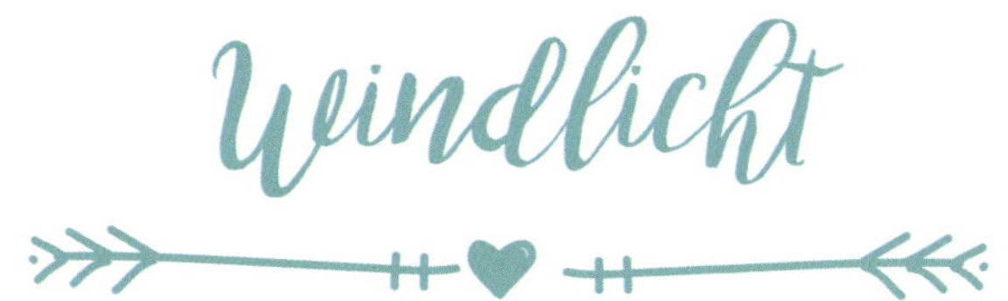

GEHÄKELT MIT DICKEM GARN | GRÖẞE: Ø 15 CM, 17 CM HOCH | SCHWIERIGKEITSGRAD 

SO WIRD'S GEMACHT

3 Luftmaschen mit Häkelnadel Nr. 9 anschlagen und mit 1 Kettmasche zur Runde schließen. Weiter feste Maschen häkeln, dabei die 1. feste Masche jeder Runde durch 1 Luftmasche ersetzen und jede Runde mit 1 Kettmasche in die Ersatzluftmasche schließen.

1. Runde: 8 feste Maschen.

2. Runde: 2 feste Maschen in jede Masche häkeln = 16 Maschen.

3. Runde: * 1 feste Masche, 2 feste Maschen in 1 Masche, ab * 8x arbeiten = 24 Maschen.

4. Runde: * 2 feste Maschen, 2 feste Maschen in 1 Masche, ab * 8x arbeiten = 24 Maschen.

5. Runde: * 3 feste Maschen, 2 feste Maschen in 1 Masche, ab * 8x arbeiten = 40 Maschen.

6. Runde: * 4 feste Maschen, 2 feste Maschen in 1 Masche, ab * 8x arbeiten= 48 Maschen.

Nun mit Stäbchen und Luftmaschen in Runden wie folgt weiterhäkeln:

7. Runde: 3 Luftmaschen (= 1. Stäbchen), 1 Stäbchen in dieselbe Masche wie die Luftmaschen, 1 Luftmasche, 2 Maschen überspringen, * 2 Stäbchen in 1 Masche, 1 Luftmasche, ab * 15x arbeiten, 1 Kettmasche in die oberste Ersatzluftmasche.

8. Runde: 3 Luftmaschen (= 1. Stäbchen), 1 Luftmasche, * 2 Stäbchen um die folgende Luftmasche, 1 Luftmasche, ab * 15x arbeiten, 1 Stäbchen um die folgende Luftmasche, 1 Kettmasche in die oberste Ersatzluftmasche.

9. Runde: 3 Luftmaschen (= 1. Stäbchen), 1 Stäbchen um die folgende Luftmasche, 1 Luftmasche, * 2 Stäbchen um die folgende Luftmasche, 1 Luftmasche, ab * 15x arbeiten, 1 Kettmasche in die oberste Ersatzluftmasche.

10.–13. Runde: Die 8. und 9. Runde noch 2x wiederholen.

14. Runde: Mit Häkelnadel Nr. 7 in jedes Stäbchen und um jede Luftmasche 1 Kettmasche häkeln, damit die Windlichthülle gut am Glas anliegt.

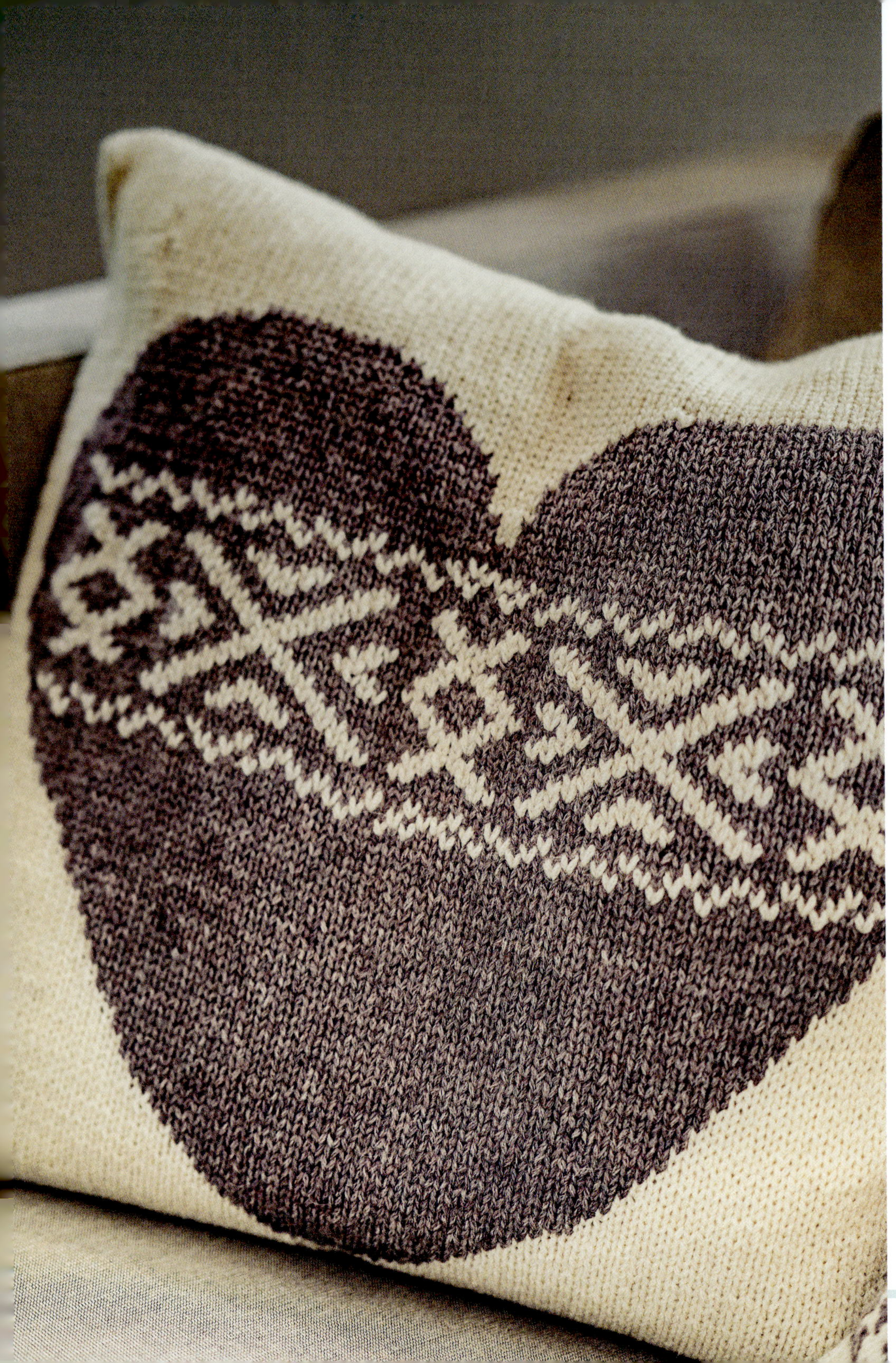

MATERIAL

- Lana Grossa „Alta Moda Alpaca" (90 % Alpaka, 5 % Schurwolle, 5% Polyamid, Lauflänge 140 m/ 50 g): 200 g Rohweiß und 50 g Flieder meliert
- Stricknadeln Nr. 5
- Füllkissen, 50 x 50 cm
- Reißverschluss, farblich passend, 50 cm lang

MUSTER

Glatt rechts: In Hinreihen rechte Maschen, in Rückreihen linke Maschen stricken.

Intarsien- und Jacquardmuster über 74 Maschen: Nach dem Zählmuster glatt rechts stricken. Es sind die Hin- und Rückreihen gezeichnet. Um lange Spannfäden zu vermeiden, die einzelnen Farbflächen mit separaten Knäueln stricken; beim Jacquardmuster kann der rohweiße Faden mitgeführt werden. Die 1.–86. Reihe 1x stricken.

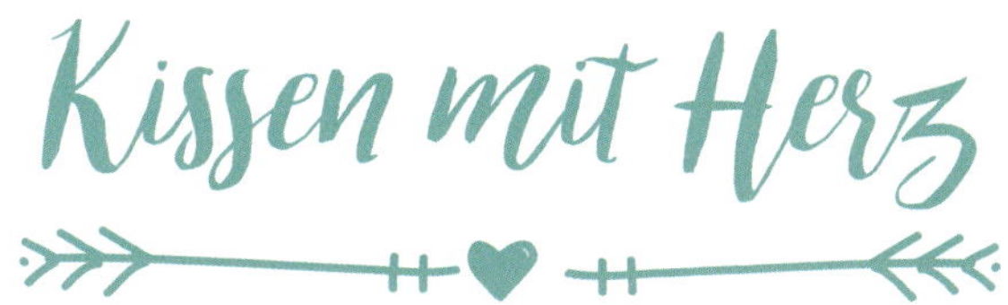

Kissen mit Herz

Gestrickt mit Intarsien- und Jacquardmuster | Größe: 50 x 50 cm | Schwierigkeitsgrad 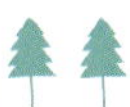

Musterfolge: 12 Reihen glatt rechts in Rohweiß, über 86 Reihen mittig das Intarsien- und Jacquardmuster stricken, beidseitig davon in Rohweiß weiterarbeiten. Die restlichen Reihen glatt rechts in Rohweiß stricken.

Maschenprobe

Intarsien- und Jacquardmuster:
17 Maschen und 22 Reihen = 10 x 10 cm

So wird's gemacht

90 Maschen in Rohweiß anschlagen und in der Musterfolge stricken. In 100 cm Gesamthöhe alle Maschen abketten.

Fertigstellung: Die Seitennähte schließen. Den Reißverschluss einnähen.

Zählmuster

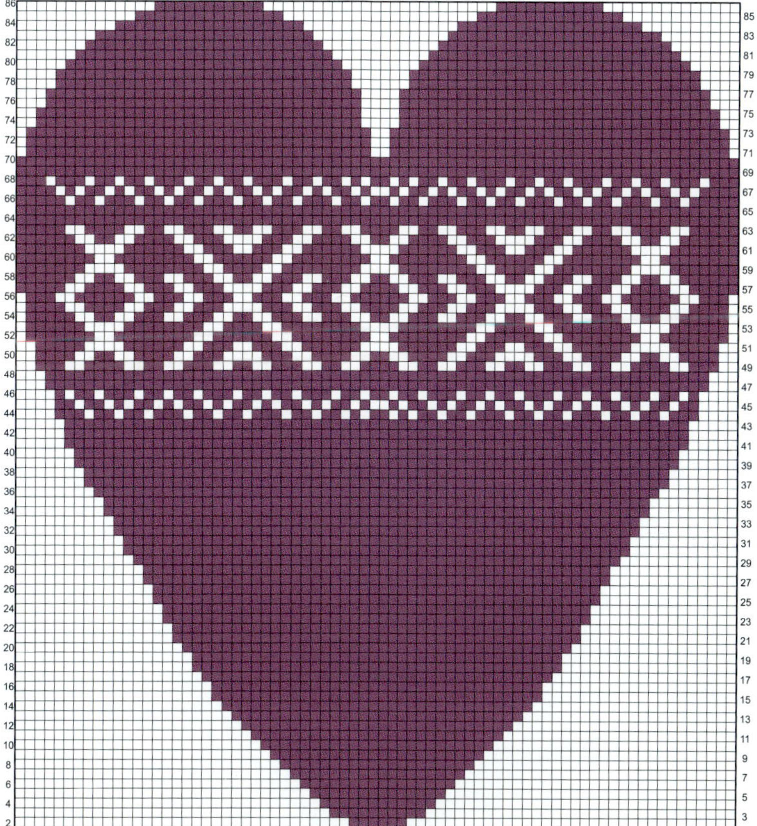

Zeichenerklärung
☐ = 1 Masche in Rohweiß
■ = 1 Masche in Flieder meliert

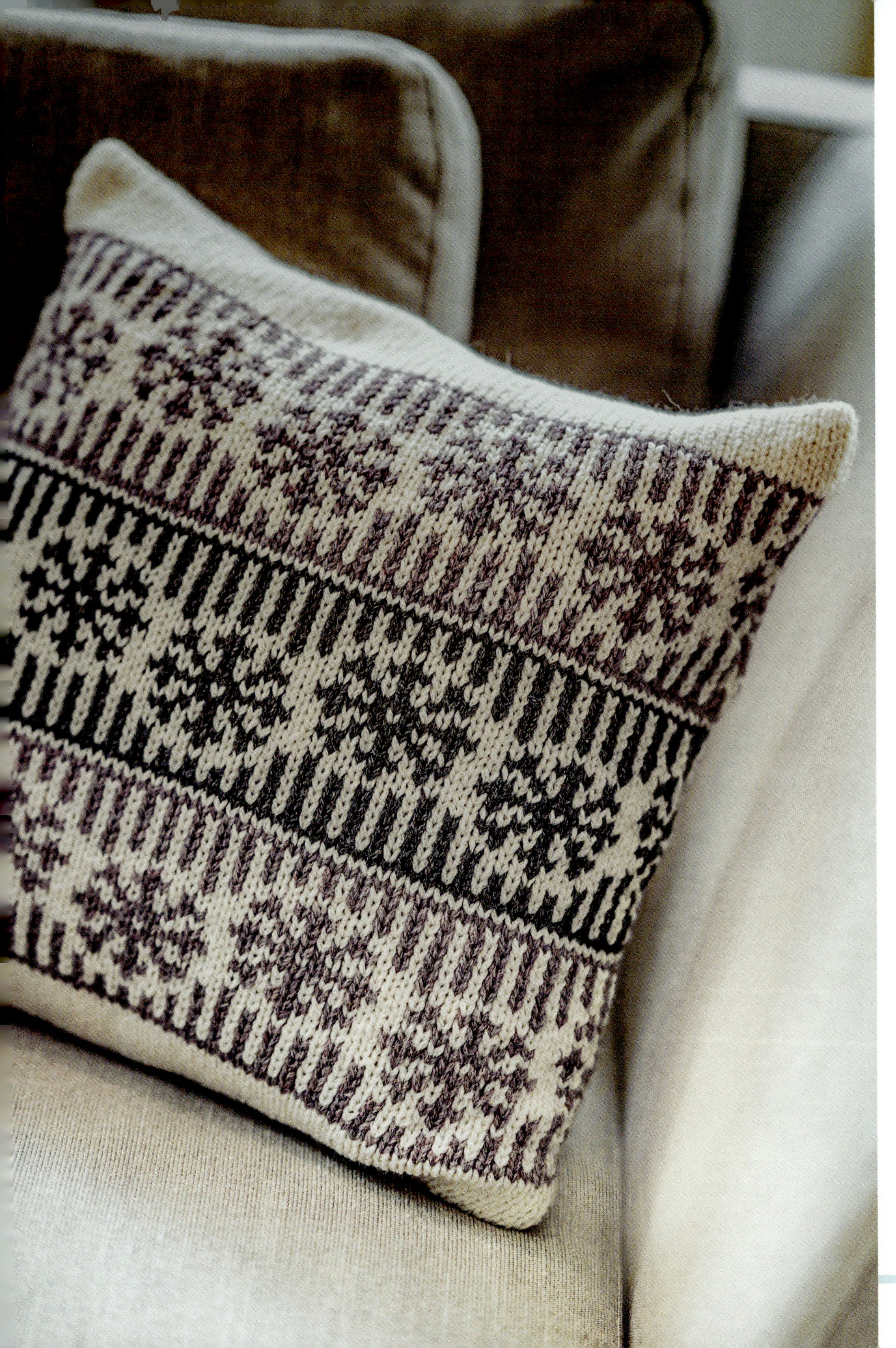

MATERIAL

- Lana Grossa „Alta Moda Alpaca" (90 % Alpaka, 5 % Schurwolle, 5 % Polyamid, Lauflänge 140 m/ 50 g): 150 g Rohweiß, je 50 g Hellgrau meliert und Flieder meliert
- Stricknadeln Nr. 5
- Füllkissen, 40 x 40 cm
- Reißverschluss, farblich passend, 40 cm lang

MUSTER

Glatt rechts: In Hinreihen rechte Maschen, in Rückreihen linke Maschen stricken.

Jacquardmuster: Maschenzahl teilbar durch 24 + 1 + 2 Randmaschen. Nach dem Zählmuster glatt rechts stricken. Es sind die Hin- und Rückreihen gezeichnet. Nach der Randmasche den Mustersatz von 24 Maschen stets wiederholen, bei Pfeil a und der Randmasche enden. Die 1.–23. Reihe 1x stricken.

Kissen mit Schneeflocken

GESTRICKT MIT JACQUARDMUSTER | GRÖßE: 40 X 40 CM | SCHWIERIGKEITSGRAD 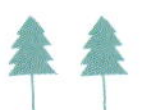

Muster- und Streifenfolge: * 10 Reihen glatt rechts in Rohweiß, 23 Reihen im Jacquardmuster mit Akzentfarbe Flieder meliert, 23 Reihen im Jacquardmuster mit Akzentfarbe Hellgrau meliert, 23 Reihen im Jacquardmuster mit Akzentfarbe Flieder meliert, 10 Reihen glatt rechts in Rohweiß, ab * 2x arbeiten = 178 Reihen.

MASCHENPROBE

Jacquardmuster: 18 Maschen und 22 Reihen = 10 x 10 cm

SO WIRD'S GEMACHT

75 Maschen in Rohweiß anschlagen und 178 Reihen in der Muster- und Streifenfolge stricken. Dann alle Maschen abketten.

Fertigstellung: Die Seitennähte schließen. Den Reißverschluss einnähen.

Zählmuster

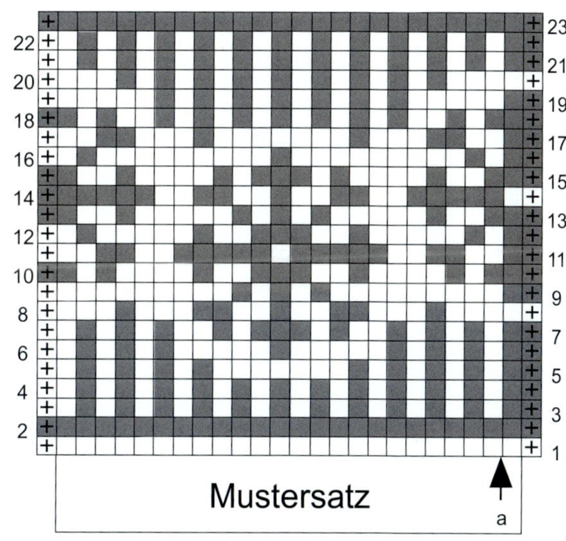

Zeichenerklärung

⊞ = Randmasche

□ = 1 Masche in Rohweiß

■ = 1 Masche in der Akzentfarbe

Kissen mit Tannenbäumen

GESTRICKT UND IM MASCHENSTICH BESTICKT | GRÖẞE: 60 X 40 CM | SCHWIERIGKEITSGRAD 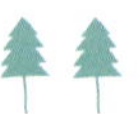

MATERIAL

- Lana Grossa „Bingo“ (100 % Schurwolle, Lauflänge 80 m/50 g): 350 g Weiß
- Lana Grossa „Bingo Melange“ (100 % Schurwolle, Lauflänge 80 m/50 g): 50 g Antikviolett meliert
- Stricknadeln Nr. 5
- Füllkissen, 60 x 40 cm
- Reißverschluss, farblich passend, 60 cm lang

MUSTER

Glatt rechts: In Hinreihen rechte Maschen, in Rückreihen linke Maschen stricken.

MASCHENPROBE

Glatt rechts: 16 Maschen und 23 Reihen = 10 x 10 cm

SO WIRD'S GEMACHT

98 Maschen in Weiß anschlagen und 80 cm glatt rechts stricken. Dann alle Maschen abketten.

Fertigstellung: Die Vorderseite mittig laut Zählmuster (über 46 Maschen) in Antikviolett meliert im Maschenstich besticken. Die Seitennähte schließen. Den Reißverschluss einnähen.

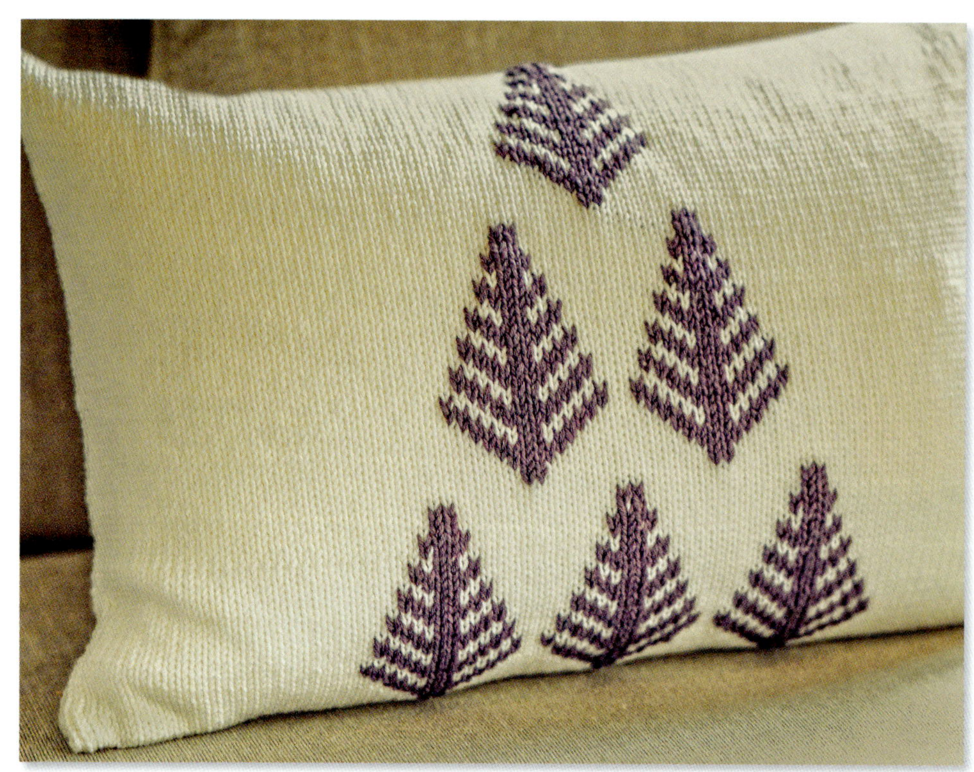

Zeichenerklärung

☐ = 1 Masche in Weiß

☑ = 1 Maschenstich in Antikviolett meliert

Zählmuster

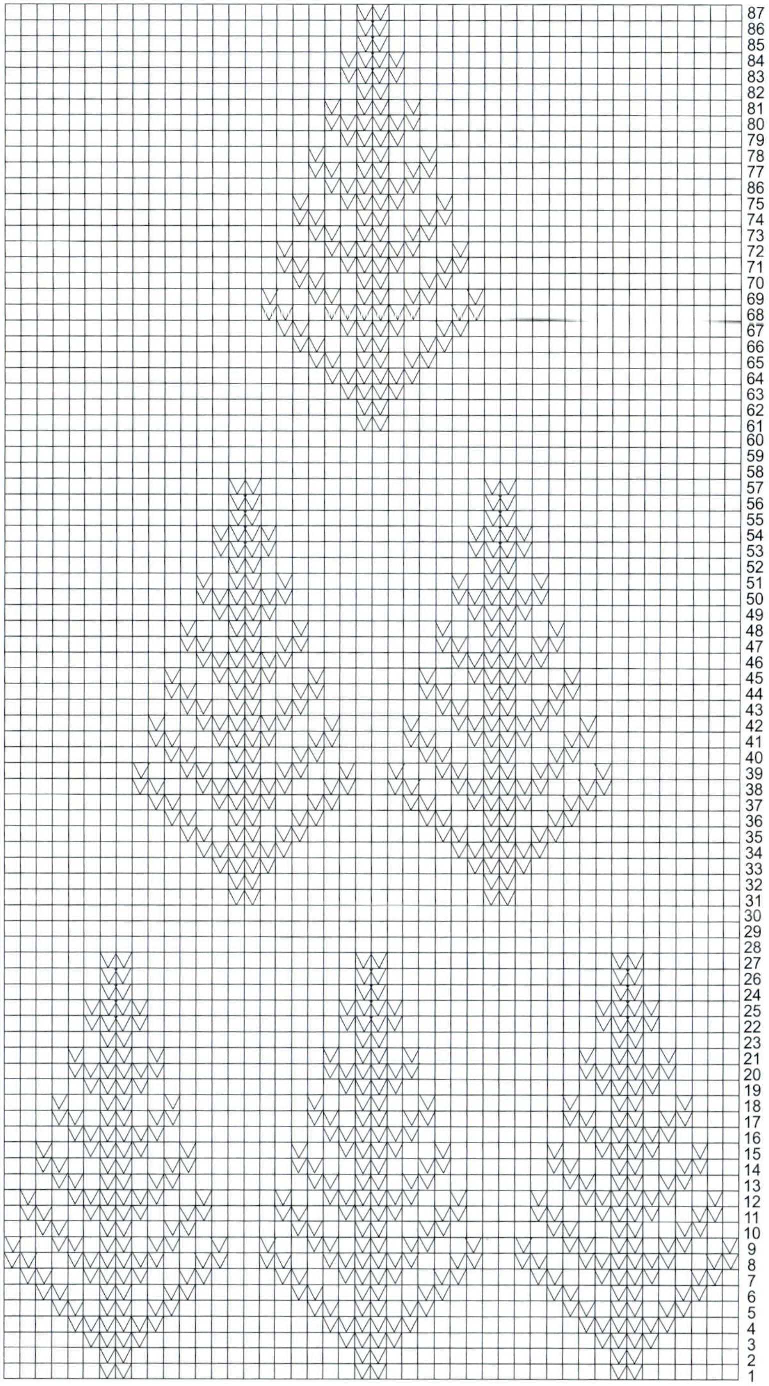

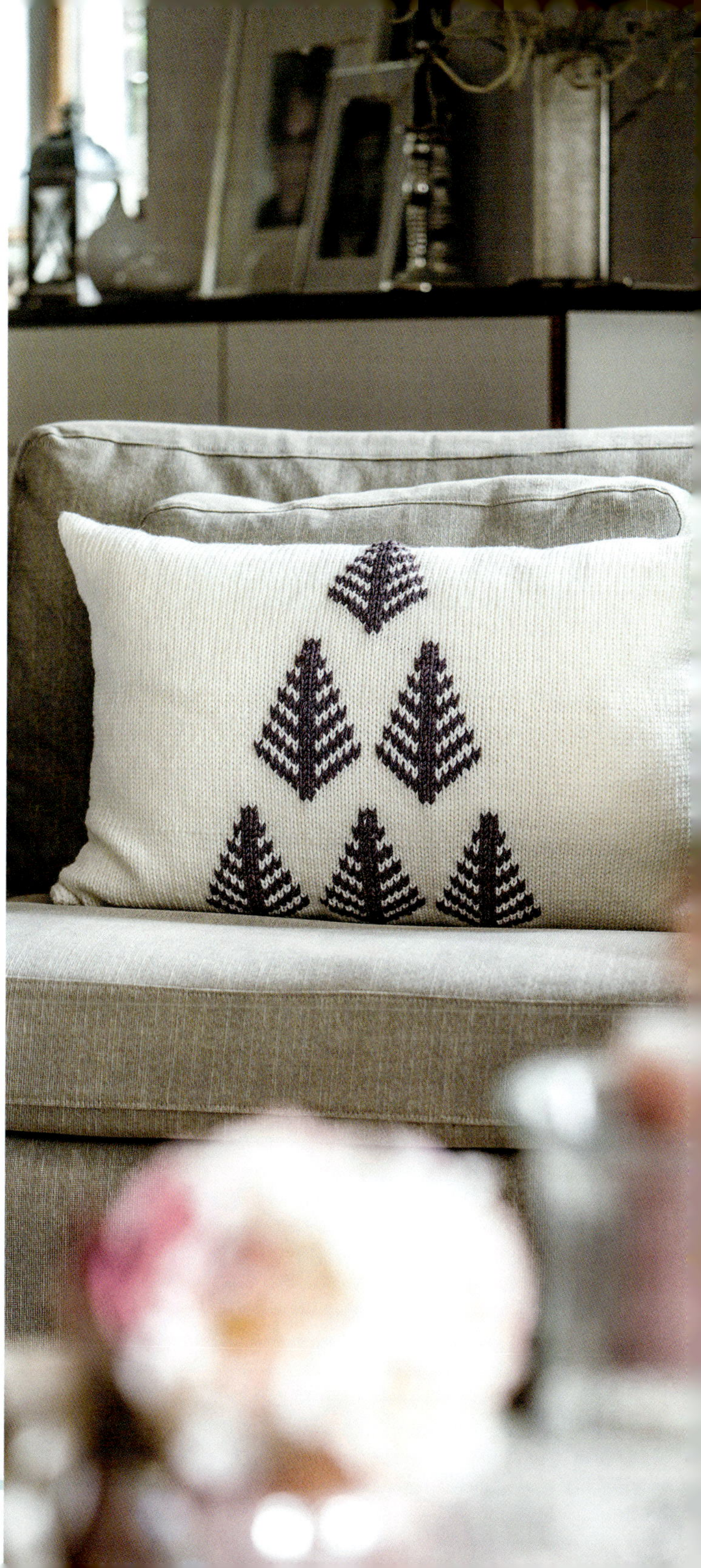

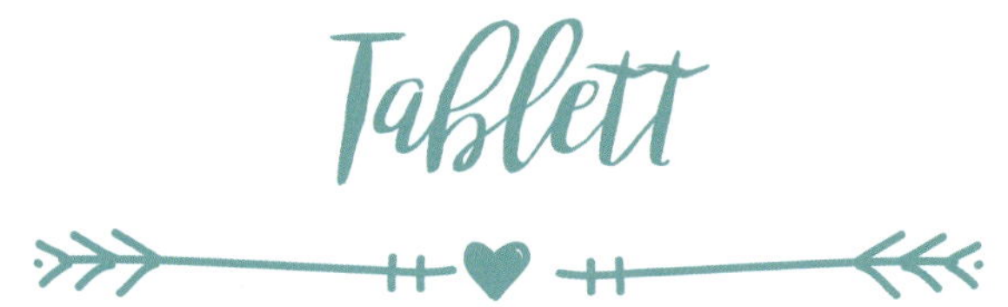

Tablett

GEHÄKELT MIT DICKEM GARN | GRÖßE: ø 30 CM | SCHWIERIGKEITSGRAD

MATERIAL

- Schulana „Piumino" (68 % Schurwolle, 29 % Alpaka, 3 % Polyester, Lauflänge 32 m/50 g): 150 g Natur/Hellgrau/Dunkelgrau
- Häkelnadel Nr. 9

MUSTER

Halbe Stäbchen in Runden: In jeder Runde das 1. halbe Stäbchen durch 2 Luftmaschen ersetzen und jede Runde mit 1 Kettmasche in die oberste Ersatzluftmasche schließen.

MASCHENPROBE

8 halbe Stäbchen und 6 Runden = 10 x 10 cm

SO WIRD'S GEMACHT

3 Luftmaschen anschlagen und mit 1 Kettmasche zum Ring schließen.

1. Runde: 1 Luftmasche (als Ersatz für die 1. feste Masche), 7 feste Maschen um den Ring = 8 Maschen.

Nun halbe Stäbchen häkeln, dabei in jeder Runde das 1. halbe Stäbchen durch 2 Luftmaschen ersetzen und jede Runde mit 1 Kettmasche in die oberste Ersatzluftmasche schließen.

2. Runde: In jede Masche 2 halbe Stäbchen häkeln = 16 Maschen.

3. Runde: * 1 halbes Stäbchen, 2 halbe Stäbchen in 1 Masche, ab * 8x arbeiten = 24 Maschen.

4. Runde: * 2 halbe Stäbchen, 2 halbe Stäbchen in 1 Masche, ab * 8x arbeiten = 32 Maschen.

5. Runde: * 3 halbe Stäbchen, 2 halbe Stäbchen in 1 Masche, ab * 8x arbeiten = 40 Maschen.

6. Runde: * 4 halbe Stäbchen, 2 halbe Stäbchen in 1 Masche, ab * 8x arbeiten = 48 Maschen.

7. Runde: * 5 halbe Stäbchen, 2 halbe Stäbchen in 1 Masche, ab * 8x arbeiten = 56 Maschen.

8. Runde: * 6 halbe Stäbchen, 2 halbe Stäbchen in 1 Masche, ab * 8x arbeiten = 64 Maschen.

9. Runde: * 7 halbe Stäbchen, 2 halbe Stäbchen in 1 Masche, ab * 8x arbeiten = 72 Maschen.

10. Runde: * 8 halbe Stäbchen, 2 halbe Stäbchen in 1 Masche, ab * 8x arbeiten = 80 Maschen.

11. Runde: Feste Maschen häkeln, dabei die 1. feste Masche durch 1 Luftmasche ersetzen und nur in das hintere Maschenglied einstechen, die Runde mit 1 Kettmasche in die Ersatzluftmasche schließen.

12. Runde: Wie die 11. Runde arbeiten.

13. Runde: Feste Maschen arbeiten, dabei die 1. feste Masche durch 2 Luftmaschen ersetzen und in beide Maschenglieder einstechen, die Runde mit 1 Kettmasche in die oberste Ersatzluftmasche schließen.

14. und 15. Runde: Die 12. und 13. Runde 1x wiederholen.

16. Runde: Wie die 12. Runde arbeiten, jedoch nach 16 festen Maschen für den Henkel 7 Maschen mit 7 Luftmaschen überspringen, dann 34 feste Maschen und für den zweiten Henkel 7 Maschen mit 7 Luftmaschen überspringen, 16 feste Maschen.

17. Runde: Wie die 13. Runde arbeiten und in die jeweils 7 Luftmaschen 7 feste Masche häkeln. Die Runde mit 1 Kettmasche in die oberste Ersatzluftmasche schließen.

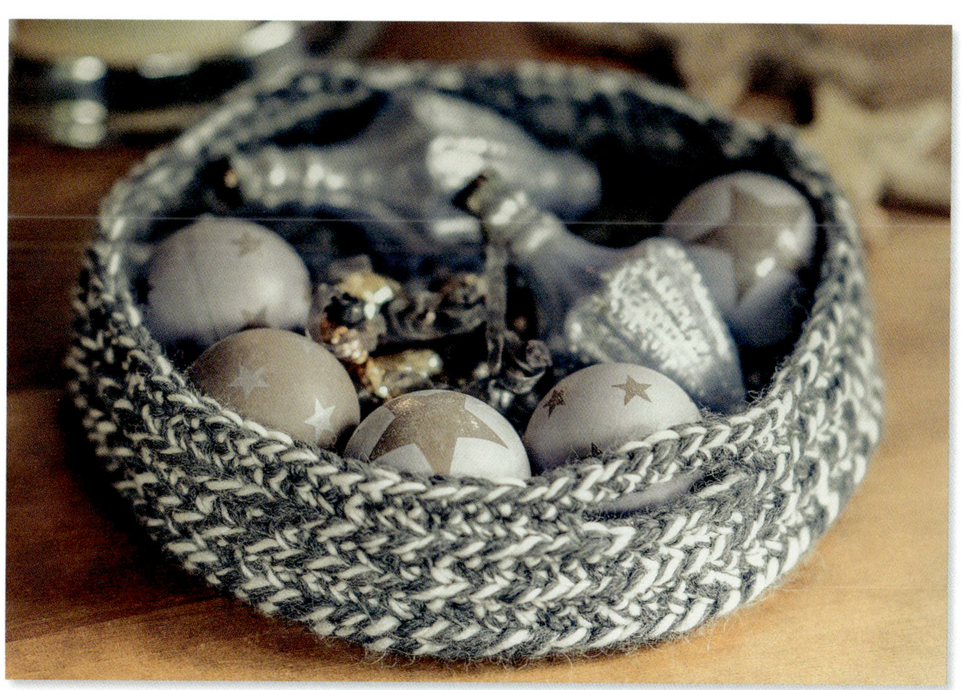

Wärmflaschenhülle

Gestrickt und im Maschenstich bestickt | Größe: 20 x 27 cm + 6,5 cm Einfülltrichter | Schwierigkeitsgrad 

Material

- Lang Yarns „Merino 120“ (100 % Schurwolle, Lauflänge 120 m/50 g): 100 g Dunkelgrau meliert, je 50 g Hellgrau und Rosa
- Nadelspiel Nr. 3,5
- Sticknadel ohne Spitze
- Wärmflasche, 20 x 27 cm ohne Einfülltrichter

Muster

Glatt rechts: In Hinreihen rechte Maschen, in Rückreihen linke Maschen stricken.

Kraus rechts: In Hin- und Rückreihen rechte Maschen stricken.

Rippenmuster: 2 Maschen rechts, 2 Maschen links im Wechsel stricken.

Musterfolge: 4,5 cm = 16 Reihen glatt rechts in Dunkelgrau, 1 cm = 4 Reihen kraus rechts in Rosa, 19 cm = 64 Reihen glatt rechts in Dunkelgrau, 1 cm = 4 Reihen kraus rechts in Rosa, 4,5 cm = 16 Reihen glatt rechts in Dunkelgrau.

So wird's gemacht

Vorderteil: In Dunkelgrau 35 Maschen anschlagen und in der Musterfolge stricken. Zur Formgebung in jeder 2. Reihe beidseitig 1x 2 Maschen und 5x je 1 Masche zunehmen = 49 Maschen. Nach 25 cm = 90 Reihen ab Anschlag (= nach 2 Reihen in Dunkelgrau) beidseitig 1x 1 Masche und in jeder 2. Reihe beidseitig 4x je 1 Masche betont abnehmen, dann beidseitig 1x 2 Maschen und 1x 4 Maschen abketten = 27 Maschen. Die 27 Maschen stilllegen.

Rückteil: Wie das Vorderteil stricken.

Fertigstellung: Den Hirsch laut Zählmuster im Maschenstich auf die Mitte des Vorderteils sticken, dabei in der 14. Reihe beginnen. Für den Trichter die stillgelegten Maschen auf das Nadelspiel nehmen = 54 Maschen. In Runden im Rippenmuster stricken, dabei in der 1. Runde die aufeinandertreffenden Randmaschen mustergemäß zusammenstricken = 52 Maschen. Nach 6,5 cm Trichterhöhe alle Maschen rechts abketten. Die offenen Seiten im Matratzenstich schließen.

Betonte Abnahmen: Am rechten Rand: Die Randmasche mit der Masche danach rechts überzogen zusammenstricken (= 1 Masche wie zum Rechtsstricken abheben, 1 Masche rechts stricken, dann die abgehobene Masche überziehen). Am linken Rand: Die Randmasche mit der Masche davor rechts zusammenstricken.

MASCHENPROBE

Glatt rechts: 22,5 Maschen und 35,5 Reihen = 10 x 10 cm

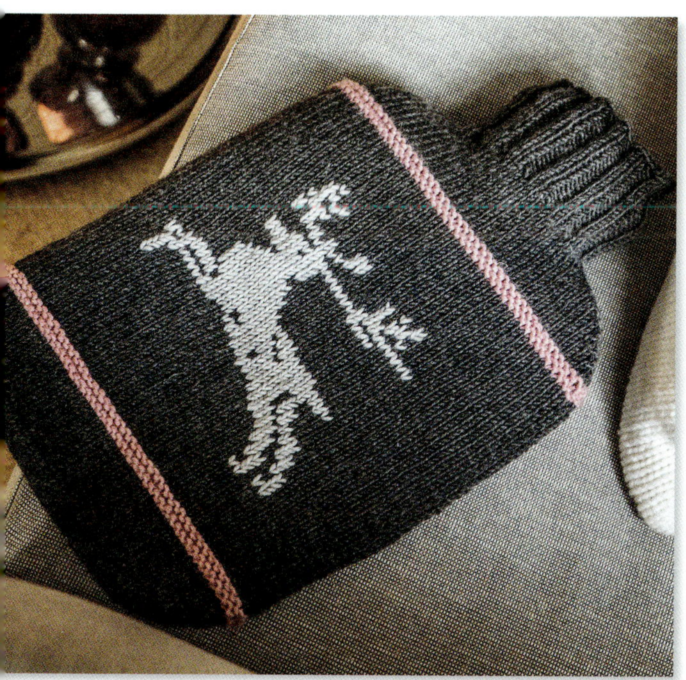

Zählmuster

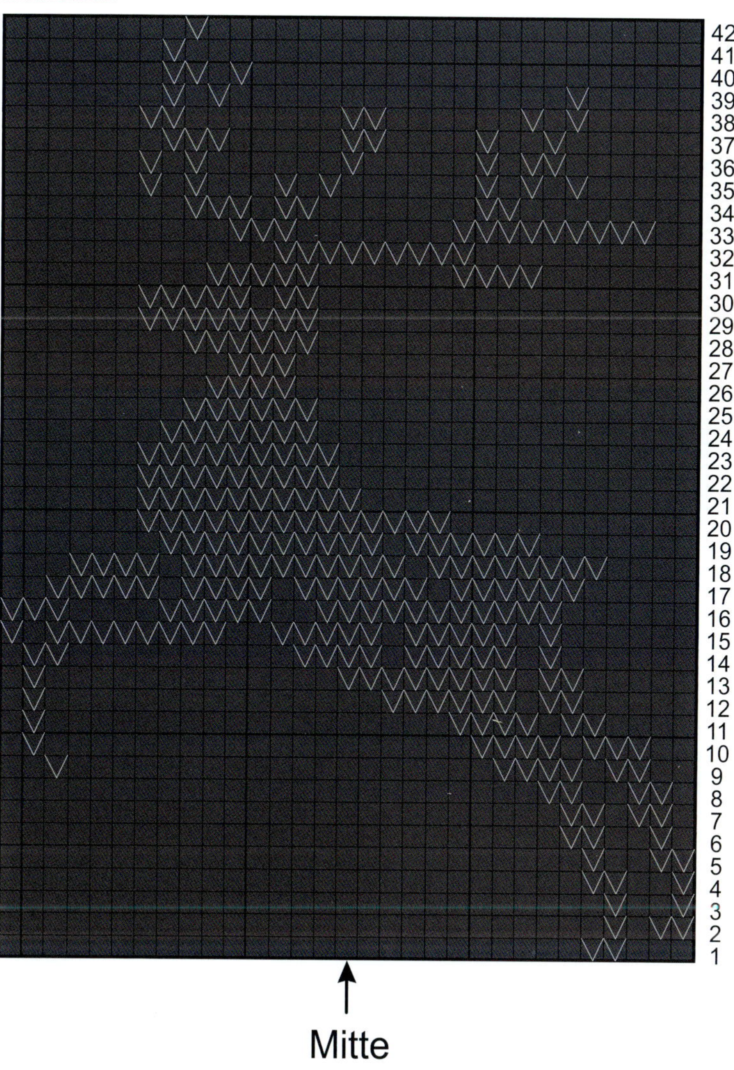

Zeichenerklärung

■ = 1 Masche in Dunkelgrau

☑ = 1 Maschenstich in Hellgrau

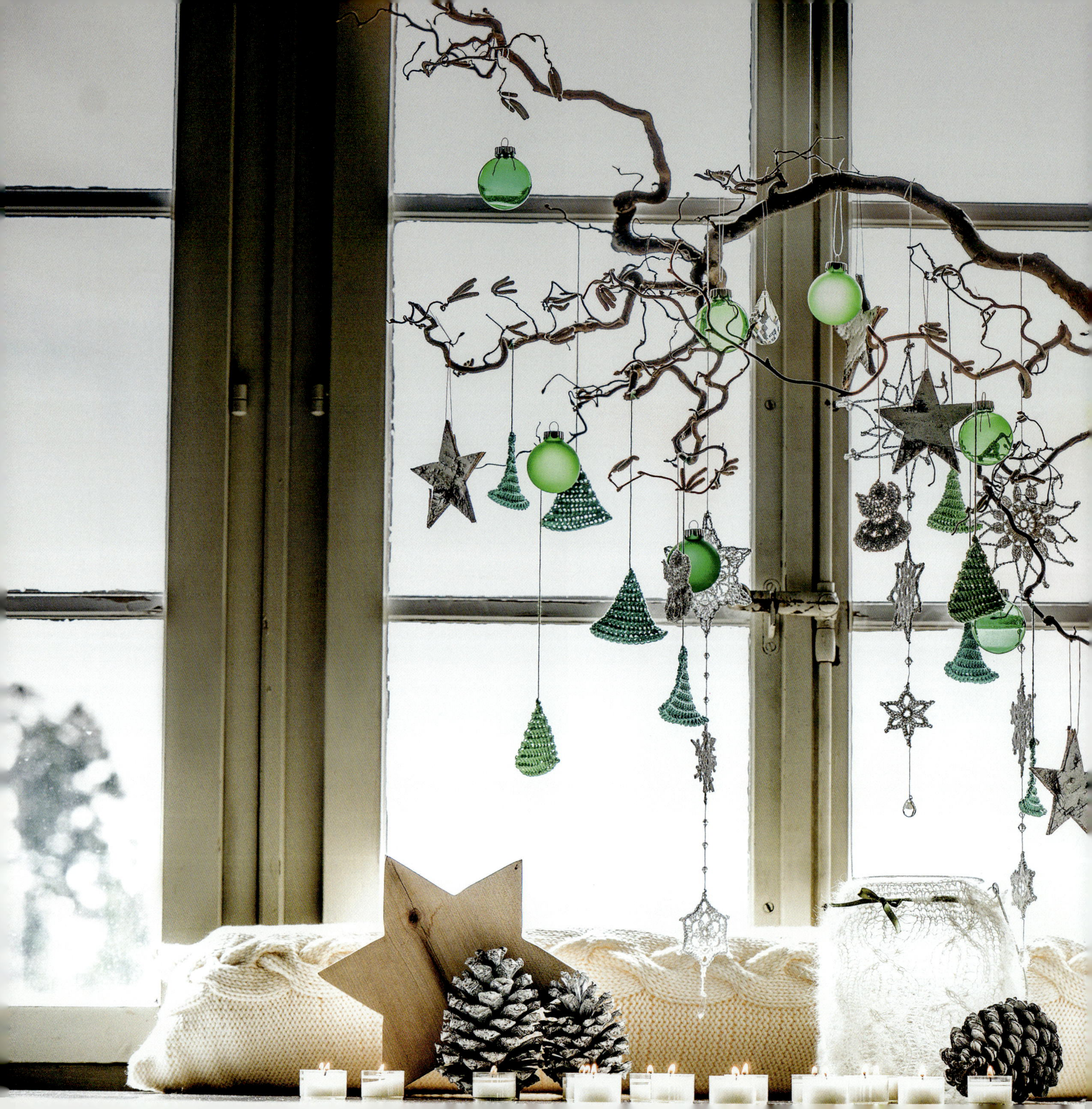

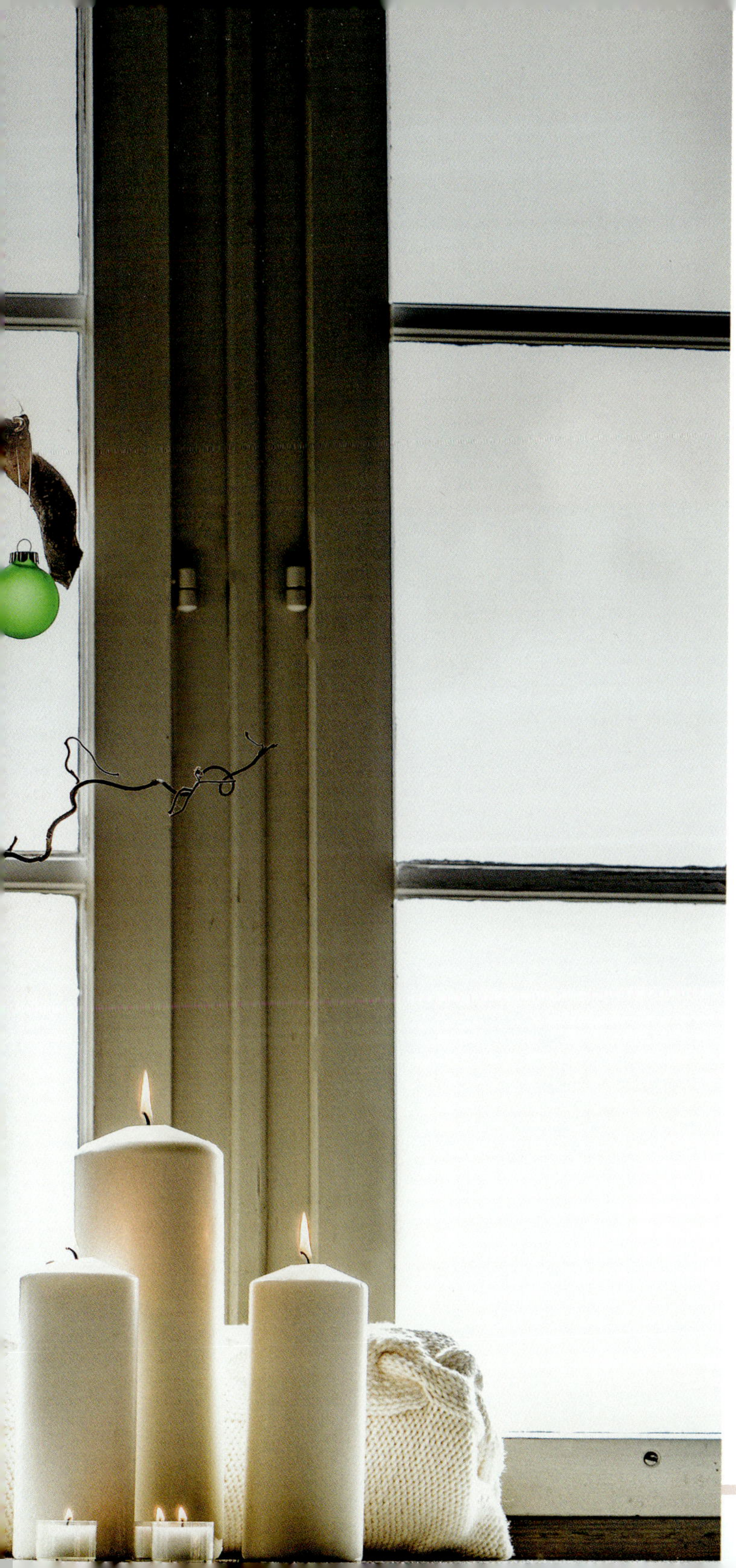

Zauberhaftes und Praktisches rund ums Fenster

Ganz eingerahmt in weichem Flaum
sind heute unsre Scheiben,
ich sehe durch die Lücken kaum
das wirre Flockentreiben.

Ada Christen

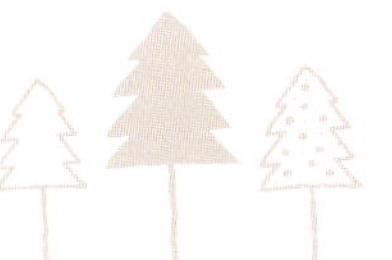

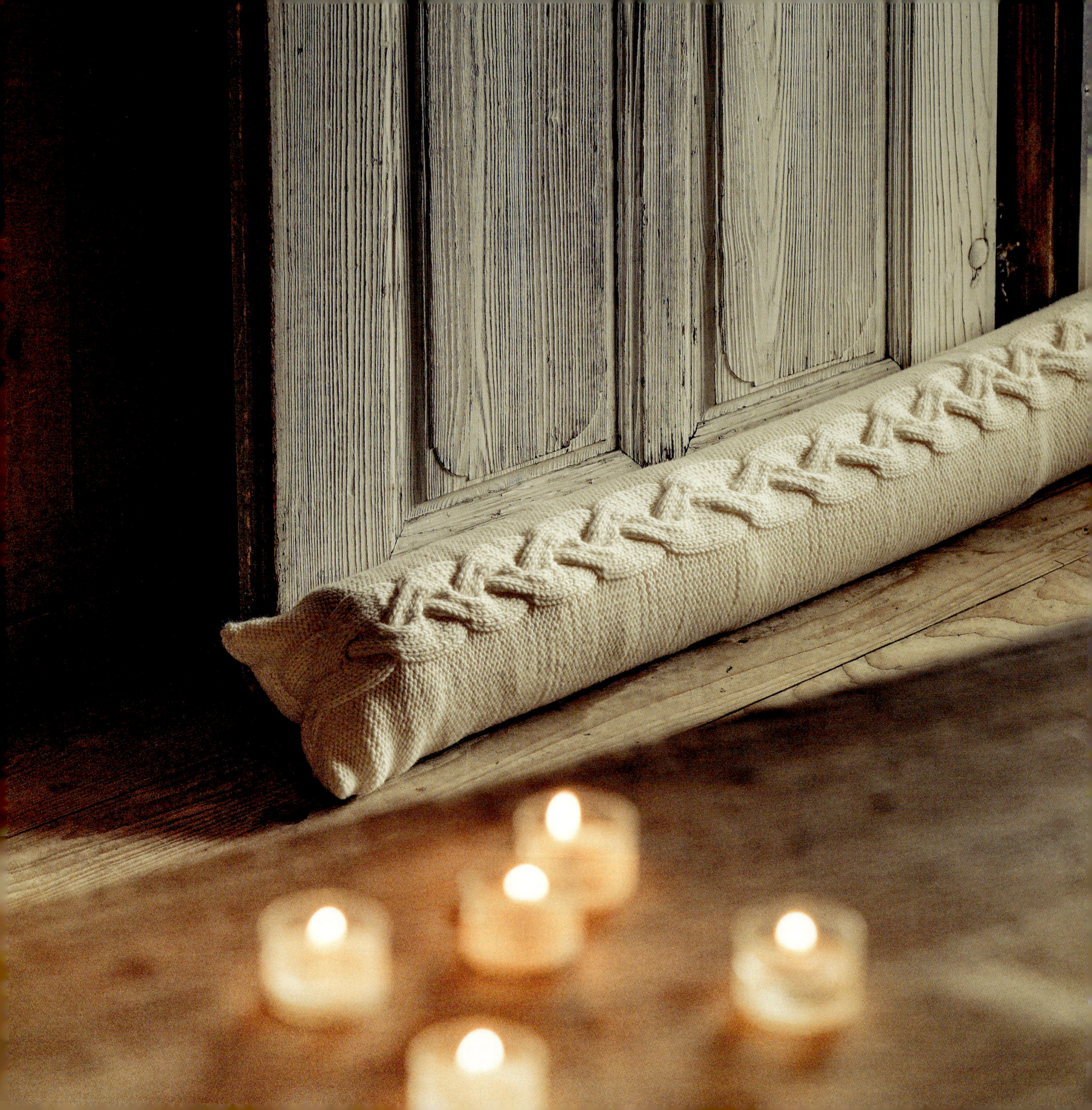

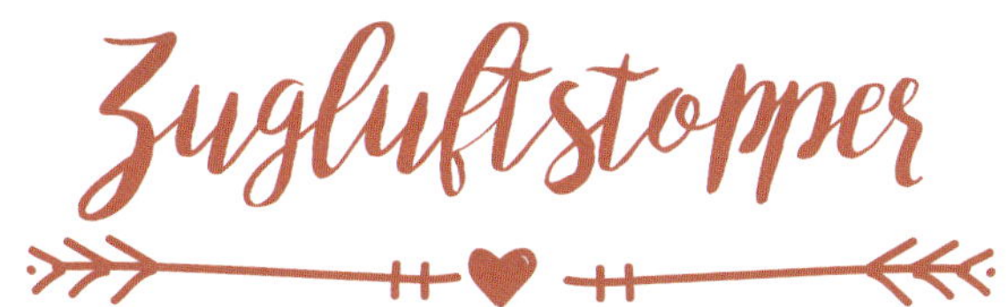

GESTRICKT MIT ZOPF | GRÖßE: 195 CM LANG, 51 CM UMFANG | SCHWIERIGKEITSGRAD 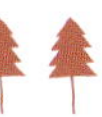

MATERIAL

- Lana Grossa „Superbingo" (100 % Schurwolle, Lauflänge 55 m/50 g): 950 g Rohweiß
- Stricknadeln Nr. 6
- Füllwatte oder 4 Nackenrollen, 40 cm lang, ø 15 cm

MUSTER

Glatt links: In Hinreihen linke Maschen, in Rückreihen rechte Maschen stricken.

Zopf über 15 Maschen: Nach der Strickschrift stricken. Es sind nur die Hinreihen gezeichnet; in den Rückreihen die Maschen stricken, wie sie erscheinen. Die 1.–16. Reihe stets wiederholen.

MASCHENPROBE

Glatt links: 14 Maschen und 21,5 Reihen = 10 x 10 cm

Zopf: 15 Maschen und 21,5 Reihen = 8 x 10 cm

SO WIRD'S GEMACHT

73 Maschen anschlagen und die Maschen wie folgt einteilen: Randmasche, 28 Maschen glatt links, 15 Maschen Zopf, 28 Maschen glatt links, Randmasche. In 195 cm Gesamthöhe oder in der für die Nackenrollen passenden Länge alle Maschen abketten.

Fertigstellung: Die rückwärtige Naht schließen. Füllwatte einfüllen bzw. Nackenrollen einlegen und die seitlichen Nähte schließen.

TIPP: Für einen größeren oder kleineren Zugluftstopper beidseitig des Zopfs entsprechend mehr oder weniger glatt linke Maschen arbeiten bzw. kürzer oder länger stricken.

Strickschrift

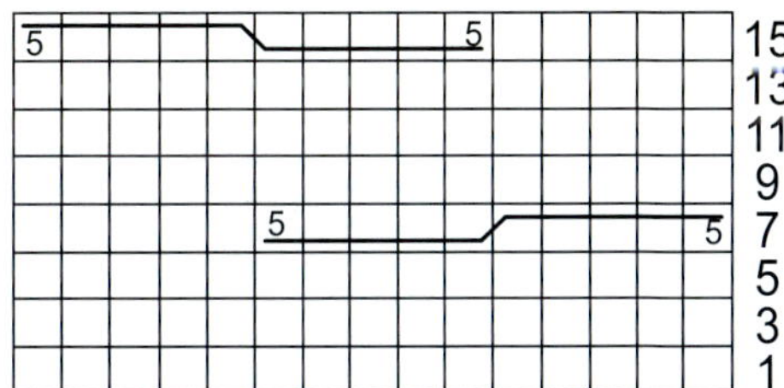

Zeichenerklärung

□ = 1 Masche rechts

= 5 Maschen auf eine Hilfsnadel vor die Arbeit legen, 5 Maschen rechts stricken, dann die Maschen der Hilfsnadel rechts stricken

= 5 Maschen auf eine Hilfsnadel hinter die Arbeit legen, 5 Maschen rechts stricken, dann die Maschen der Hilfsnadel rechts stricken

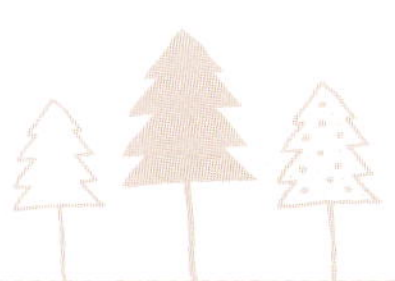

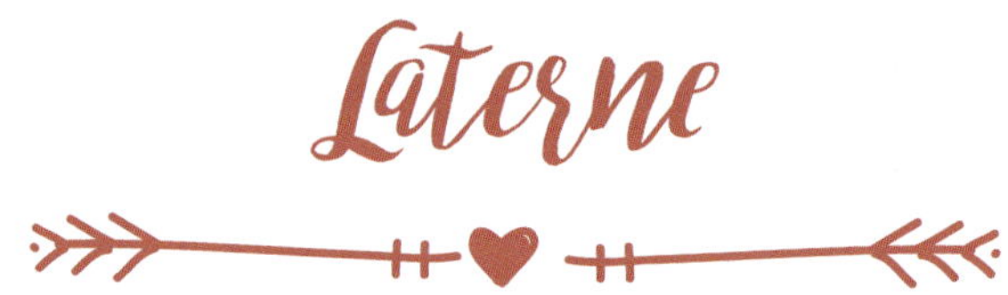

GESTRICKT MIT AJOURZOPFMUSTER | GRÖßE: 53 CM UMFANG, 20 CM HOCH | SCHWIERIGKEITSGRAD 

MATERIAL

- Lana Grossa „Silkhair“ (70 % Mohair, 30 % Seide, Lauflänge 210 m/25 g): 25 g Rohweiß
- Nadelspiel Nr. 5
- Hilfs- oder Zopfnadel
- Satinband in Grün, 6 mm breit, ca. 50 cm lang
- Windlicht, 20,5 cm hoch, ø 16 cm

MUSTER

Kraus rechts: 1 Runde rechte Maschen und 1 Runde linke Maschen im Wechsel stricken.

Ajourzopfmuster: Nach der Strickschrift stricken. Es sind nur die ungeraden Runden gezeichnet, in den geraden Runden die Maschen stricken, wie sie erscheinen, Umschläge links stricken. Den Mustersatz von 20 Maschen 4x pro Runde arbeiten. Die 1.–18. Runde 1x stricken, dann die 3.–18. Runde 2x arbeiten = 50 Runden.

Lochrunde: * 2 Maschen rechts zusammenstricken, 1 Umschlag, 2 Maschen rechts, ab * 20x arbeiten. In der folgenden Runde alle Maschen und Umschläge rechts stricken.

MASCHENPROBE

Ajourzopfmuster: 15 Maschen und 30,5 Runden = 10 x 10 cm

SO WIRD'S GEMACHT

80 Maschen anschlagen, die Maschen auf 4 Nadeln verteilen und 50 Runden im Ajourzopfmuster stricken. Nun 4 Runden kraus rechts, danach 1 Lochrunde stricken. In der folgenden Runde alle Maschen und Umschläge rechts stricken. Dann weitere 4 Runden kraus rechts stricken. Alle Maschen locker abketten.

Fertigstellung: Das Satinband in die Lochrunde einziehen und zur Schleife binden.

Strickschrift

17
15
13
11
9
7
5
3
1

Mustersatz

Zeichenerklärung

- □ = 1 Masche rechts
- ⊟ = 1 Masche links
- ⩓ = 2 Maschen links zusammenstricken
- U = 1 Umschlag
- = 2 Maschen auf eine Hilfsnadel vor die Arbeit legen, 2 Maschen rechts stricken, dann die Maschen der Hilfsnadel rechts stricken
- = 2 Maschen auf eine Hilfsnadel vor die Arbeit legen, 2 Maschen links stricken, dann die Maschen der Hilfsnadel rechts stricken
- = 2 Maschen auf eine Hilfsnadel hinter die Arbeit legen, 2 Maschen rechts stricken, dann die Maschen der Hilfsnadel links stricken

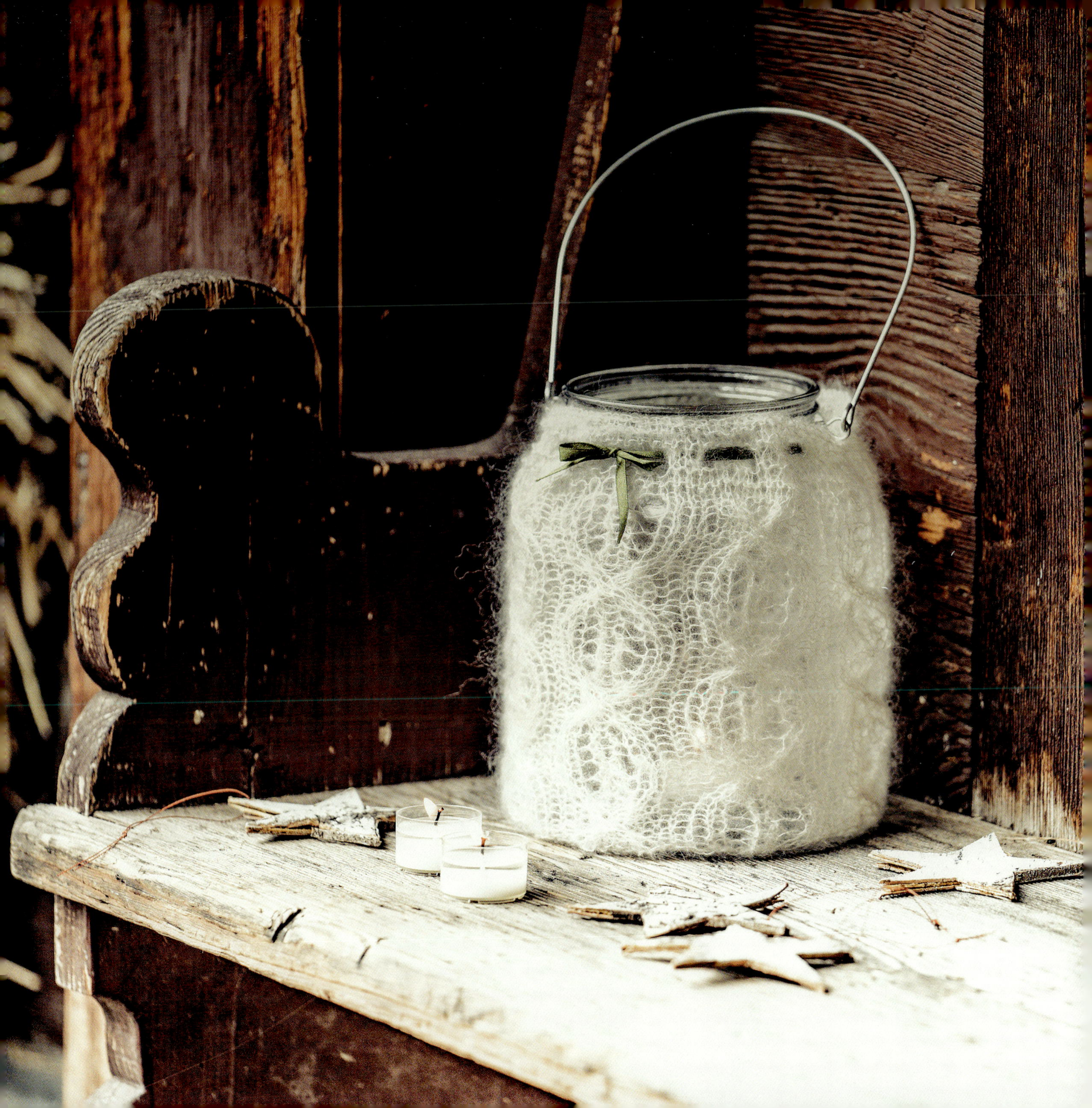

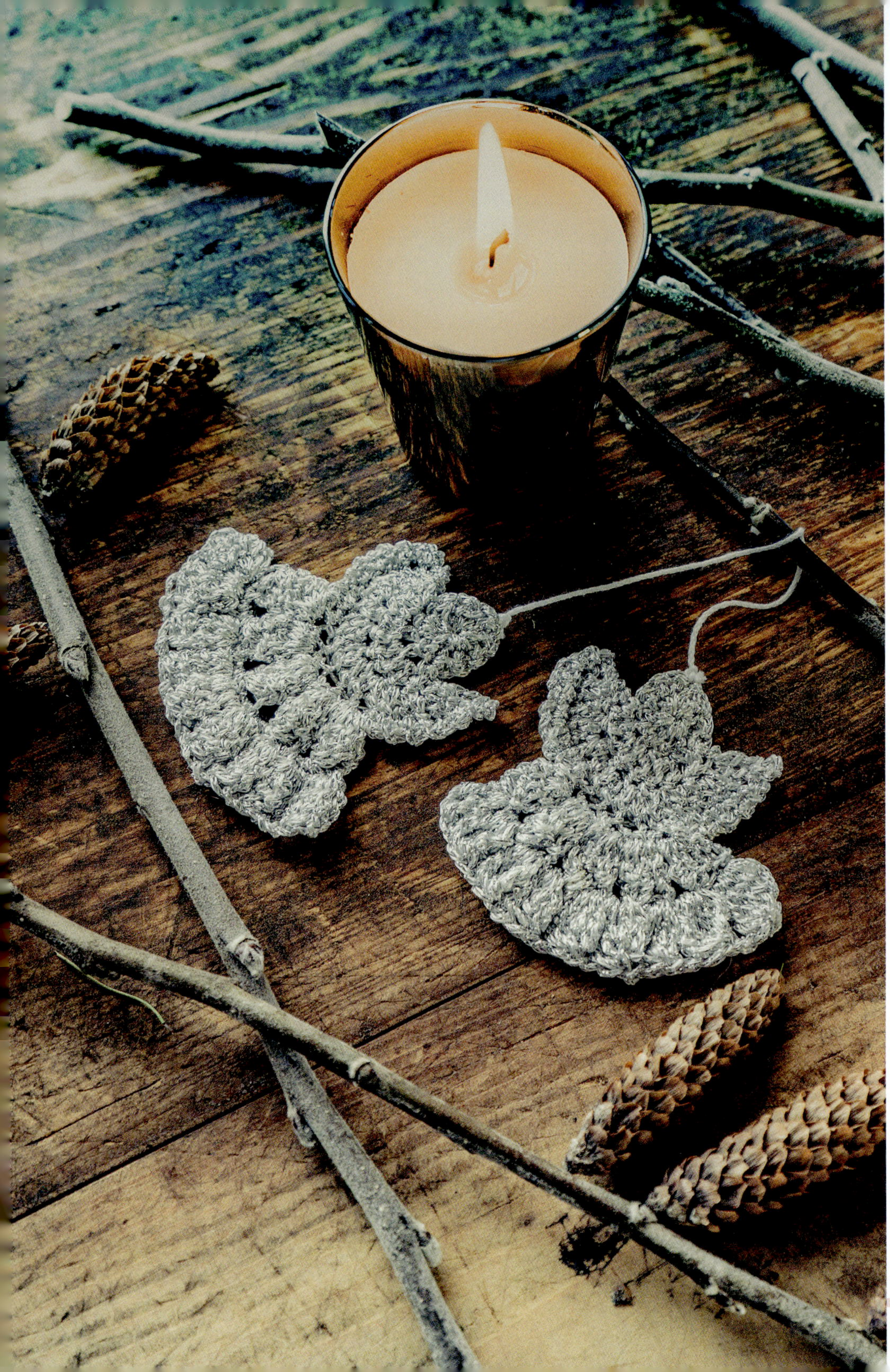

MATERIAL

- Schoeller + Stahl „Manuela Gold & Silber metallisiert" (85 % Viskose, 15 % metallisierte Faser, Lauflänge 110 m/25 g): 25 g Silber
- Häkelnadel Nr. 2,5
- Sprühstärke
- Stecknadeln

MUSTER

In Reihen häkeln, dabei, soweit nicht anders angegeben, die 1. feste Masche einer Reihe durch 2 Luftmaschen und das 1. Stäbchen durch 3 Luftmaschen ersetzen.

MASCHENPROBE

15 feste Maschen = 7 cm

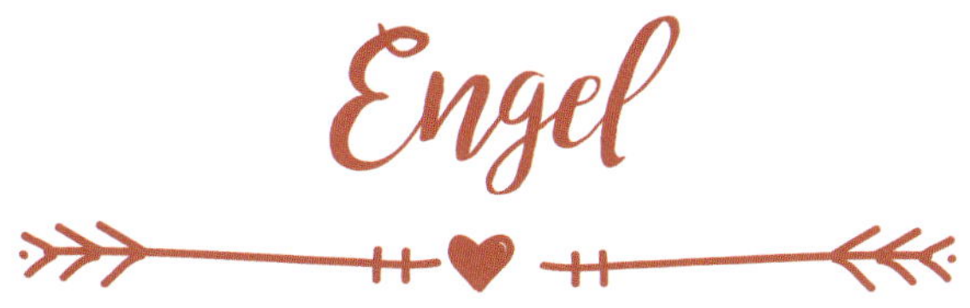

GEHÄKELT UND GESPANNT | GRÖßE: 7 X 6 CM | SCHWIERIGKEITSGRAD 

SO WIRD'S GEMACHT

Mit einem Fadenring beginnen.

1. Runde (Kopf): 3 Luftmaschen (= 1. Stäbchen), 11 Stäbchen, 1 Kettmasche in die 3. Ersatzluftmasche.

Am Anfangsfaden ziehen, sodass sich der Fadenring eng zusammenzieht. Dann in Reihen weiterarbeiten. Die folgenden 4 Reihen bilden die Flügel.

2. Reihe: 3 Luftmaschen (= 1. Stäbchen), 1 Stäbchen in dieselbe Masche, in die folgenden 4 Stäbchen je 2 Stäbchen = 10 Maschen.

3. Reihe: 3 Luftmaschen (= 1. Stäbchen), 1 Stäbchen in dieselbe Masche, in die folgenden 9 Stäbchen je 2 Stäbchen = 20 Maschen.

4. Reihe: 2 Luftmaschen (= 1. feste Masche), 1 Luftmasche, * 1 feste Masche, 1 Luftmasche, ab * 18x arbeiten, 1 feste Masche auf die oberste Ersatzluftmasche = 39 Maschen. Faden abschneiden.

5. Reihe: An der 16. Masche (eine Luftmasche) den Faden mit 1 Kettmasche neu anschlingen, 4 Luftmaschen, 4 zusammen abgemaschte Doppelstäbchen um dieselbe Masche wie die Kettmasche häkeln, * 2 Luftmaschen, 5 zusammen abgemaschte Doppelstäbchen (= 1 Büschelmasche), ab * 4x arbeiten = 5 Büschelmaschen und 8 Luftmaschen.

6. Reihe: 2 Luftmaschen (= 1. feste Masche), 1 feste Masche und 1 Luftmasche und 1 feste Masche um den Luftmaschenbogen aus 2 Luftmaschen, 1 feste Masche auf die Büschelmasche, ab * 4x arbeiten = 17 Maschen.

7. Reihe: 4 Luftmaschen, 4 zusammen abgemaschte Doppelstäbchen in dieselbe Masche, * 1 Büschelmasche um die folgende Luftmasche, 1 Masche überspringen, 1 Büschelmasche, ab * 4x arbeiten = 9 Büschelmaschen. Am Ende noch 1 Luftmasche häkeln.

Fertigstellung: Den Engel mithilfe von Stecknadeln spannen. Gut mit Sprühstärke einsprühen und trocknen lassen. Für den Aufhänger einen beliebig langen Faden abschneiden, am Engelkopf durch die Maschen ziehen und die Enden verknoten.

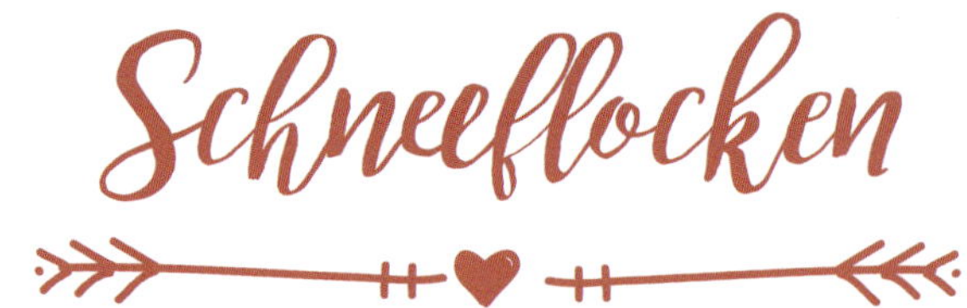

Schneeflocken

GEHÄKELT UND GESPANNT | GRÖSSE: 4–11 CM | SCHWIERIGKEITSGRAD 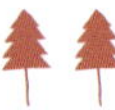

MATERIAL

- Schoeller + Stahl „Manuela No 5“ (100 % Baumwolle, Lauflänge 200 m/50 g): 50 g Weiß
- Schoeller + Stahl „Manuela Gold & Silber metallisiert“ (85 % Viskose, 15 % metallisierte Faser, Lauflänge 110 m/25 g): 25 g Silber
- Acrylsteine (Prismen), transparent, 18–27 mm
- facettierte Glasperlen, transparent, 4–8 mm
- Häkelnadel Nr. 2
- Sprühstärke
- Stecknadeln

MUSTER

Jede Schneeflocke in Runden nach der jeweiligen Häkelschrift arbeiten. Wenn nicht anders angegeben, jede Runde mit 1 Kettmasche zur Runde schließen.

Hinweis: Es werden jeweils die große, mittlere und kleine Schneeflocke mit dem gleichen Buchstaben (von oben nach unten) zu einer kleinen Girlande zusammengesetzt. Die linke Girlande ist A, die mittlere B und die rechte C.

SO WIRD'S GEMACHT

GROSSE SCHNEEFLOCKE A: In Weiß mit einem Fadenring beginnen. Dann laut Häkelschrift die 1.–5. Runde häkeln.

MITTELGROSSE SCHNEEFLOCKE A: In Weiß 8 Luftmaschen anschlagen und mit 1 Kettmasche in die 1. Masche zur Runde schließen. Dann laut Häkelschrift die 2.–4. Runde häkeln, dabei am Ende der 4. Runde die Kettmasche in Silber arbeiten. In Silber die 5. Runde häkeln.

KLEINE SCHNEEFLOCKE A: In Weiß 5 Luftmaschen anschlagen und mit 1 Kettmasche in die 1. Masche zur Runde schließen. Laut Häkelschrift die 2. und 3. Runde häkeln.

GROSSE SCHNEEFLOCKE B: In Weiß mit 4 Luftmaschen beginnen. Dann laut Häkelschrift die 2.–5. Runde häkeln, dabei am Ende der 5. Runde die Kettmasche in Silber arbeiten. Die 6. Runde dann in Silber häkeln.

MITTELGROSSE SCHNEEFLOCKE B: In Weiß 4 Luftmaschen anschlagen und mit 1 Kettmasche in die 1. Masche zur Runde schließen. Dann laut Häkelschrift die 2.–4. Runde häkeln.

KLEINE SCHNEEFLOCKE B: In Weiß mit 6 Luftmaschen beginnen. Dann laut Häkelschrift die 2.–4. Runde häkeln. In Silber die 4. Runde wie folgt überhäkeln: Am 1. Stäbchen anschlingen, dann alle Stäbchen sowie die 2 Luftmaschen vor und die 2 Luftmaschen nach dem Picot mit Kettmaschen behäkeln, dabei bei den Stäbchen nur in das hintere Maschenglied einstechen und bei den Luft-

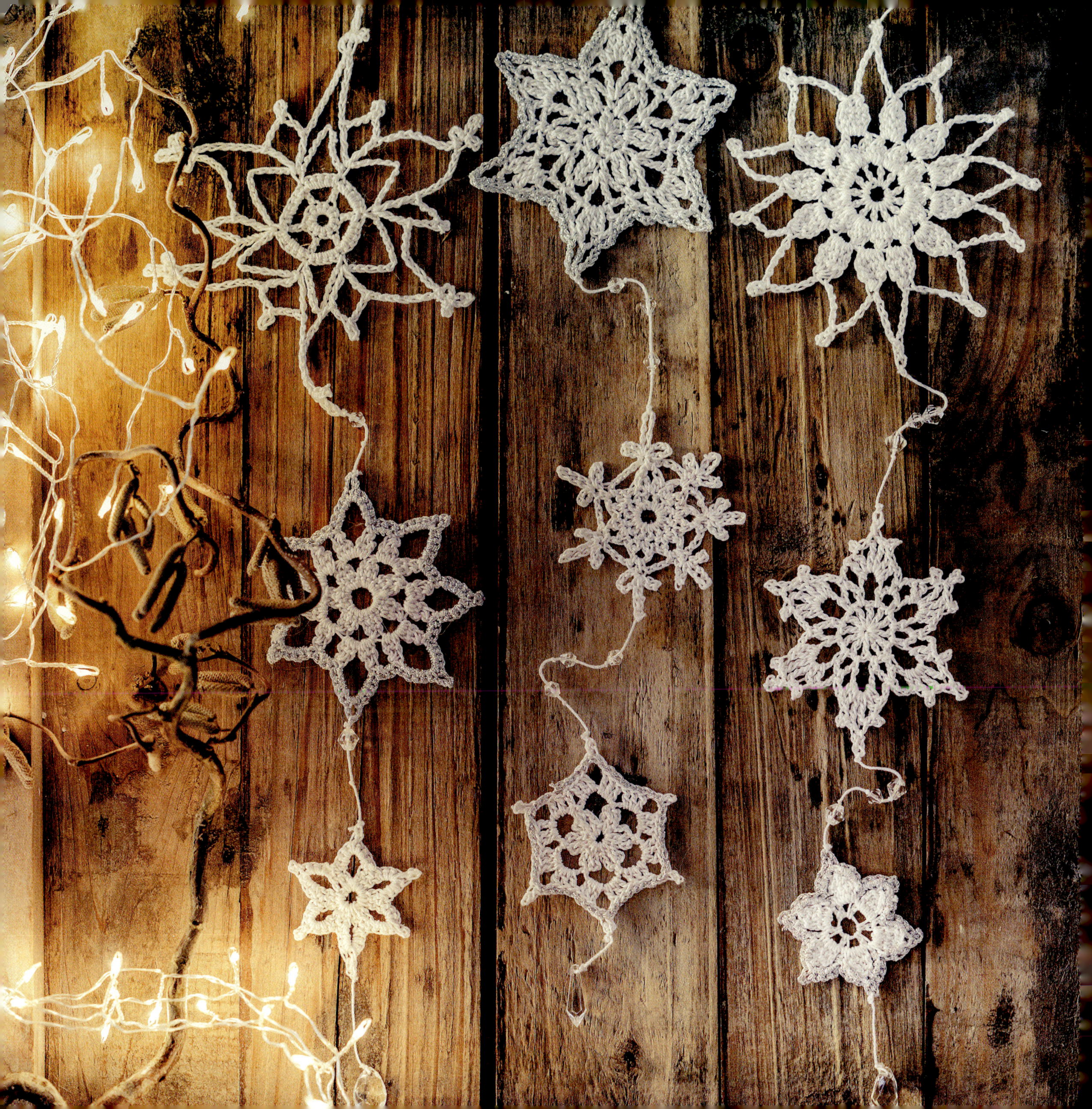

maschen die oberen 2 Maschenglieder erfassen – die Picots sind dadurch dahinter zu sehen. Mit 1 Kettmasche in die Anschlingmasche zur Runde schließen.

GROßE SCHNEEFLOCKE C: In Weiß 6 Luftmaschen anschlagen und mit 1 Kettmasche in die 1. Masche zur Runde schließen. Dann laut Häkelschrift die 2.–4. Runde häkeln.

MITTELGROßE SCHNEEFLOCKE C: In Weiß mit einem Fadenring beginnen. Dann laut Häkelschrift die 1.–3. Runde häkeln.

KLEINE SCHNEEFLOCKE C: In Weiß mit einem Fadenring beginnen. Dann laut Häkelschrift die 1. und 2. Runde häkeln, dabei am Ende der 2. Runde die Kettmasche in Silber arbeiten. In Silber die 3. Runde häkeln.

Fertigstellung: Die Schneeflocken mithilfe von Stecknadeln spannen. Gut mit Sprühstärke einsprühen und trocknen lassen. Die Sterne mit unterschiedlich langen Garnfäden verbinden (anknoten) und nach Wunsch Perlen auffädeln; nach jeder Perle einen Knoten machen, damit sie nicht verrutscht.

Große Schneeflocke A

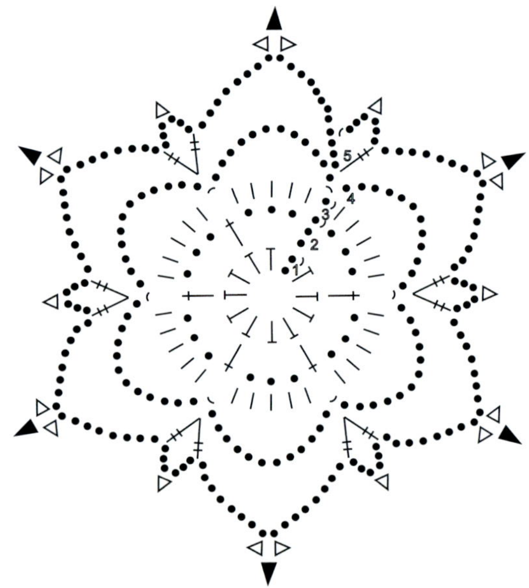

Mittelgroße Schneeflocke A

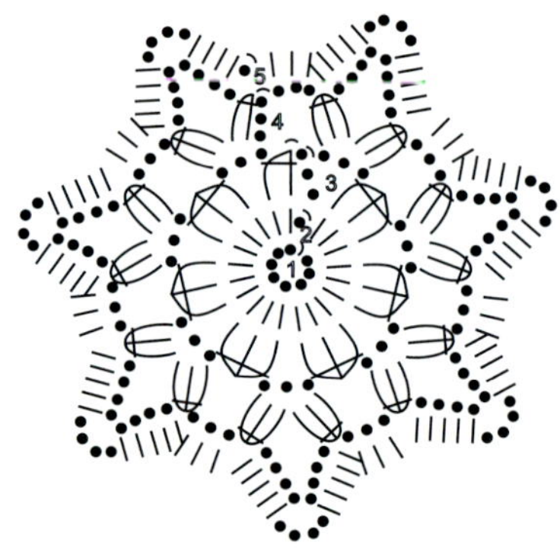

Kleine Schneeflocke A

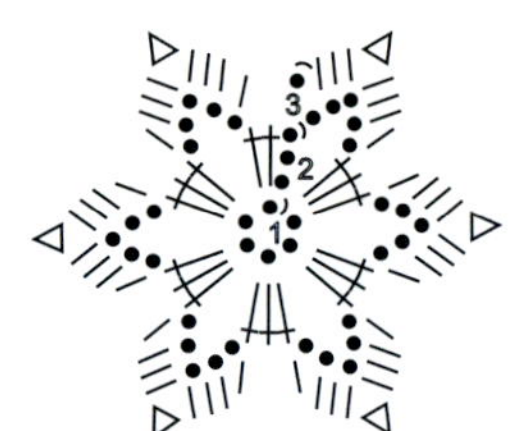

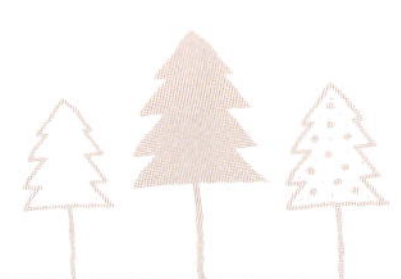

Große Schneeflocke B

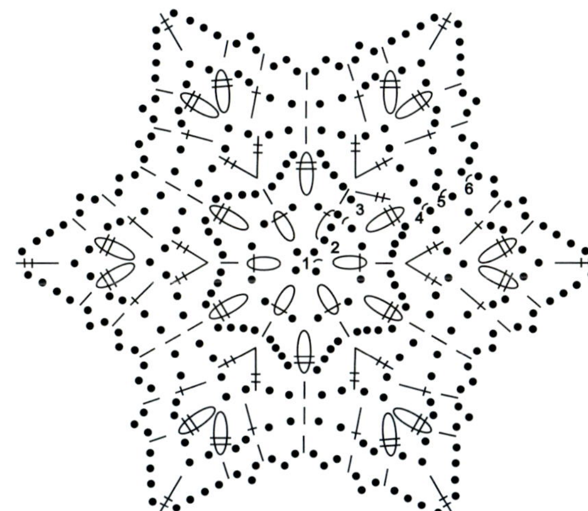

Große Schneeflocke C

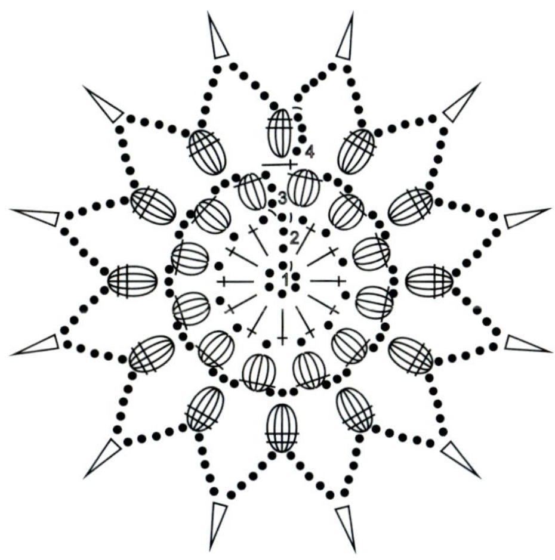

Mittelgroße Schneeflocke B

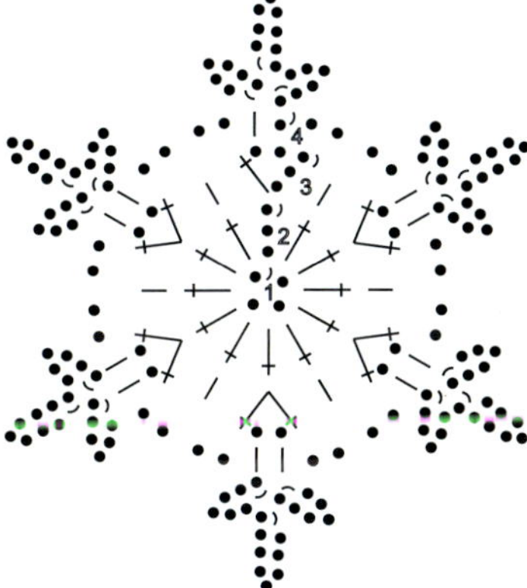

Mittelgroße Schneeflocke C

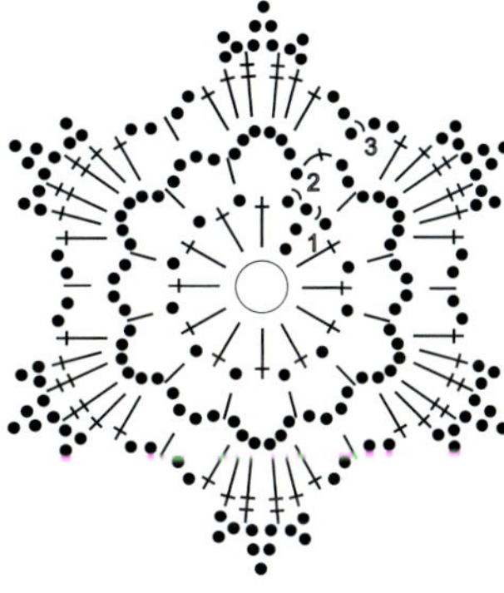

Kleine Schneeflocke B

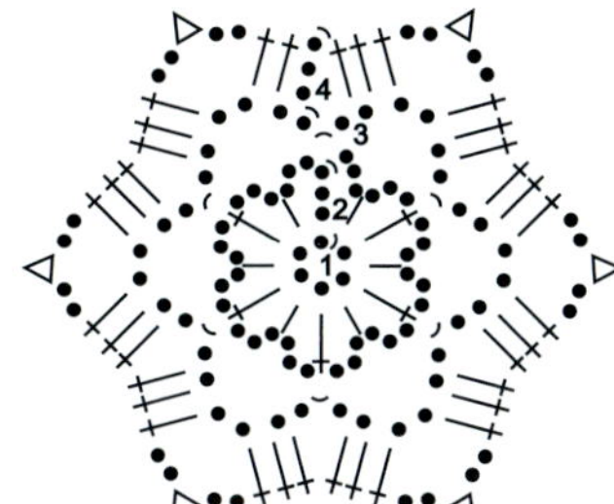

Kleine Schneeflocke C

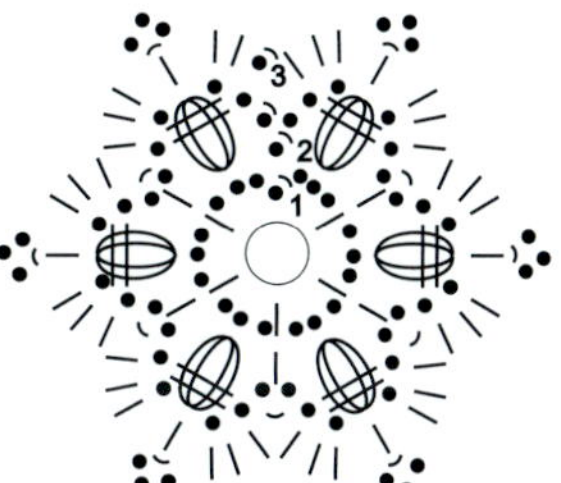

Zeichenerklärung

- ● = 1 Luftmasche
- ⌢ = 1 Kettmasche
- | = 1 feste Masche
- ⊤ = 1 halbes Stäbchen
- † = 1 Stäbchen
- ‡ = 1 Doppelstäbchen
- △ = 3er-Picot (= 3 Luftmaschen und 1 Kettmasche zurück in die 1. Luftmasche)
- ▲ = 4er-Picot (= 4 Luftmaschen und 1 Kettmasche zurück in die 1. Luftmasche)
- Δ = 5er-Picot (= 5 Luftmaschen und 1 Kettmasche zurück in die 1. Luftmasche)

Laufen die Zeichen unten zusammen, die Maschen in eine Einstichstelle häkeln.

Laufen die Zeichen oben zusammen, die Maschen zusammen abmaschen.

Laufen die Zeichen oben und unten zusammen, sind sie gerundet gezeichnet.

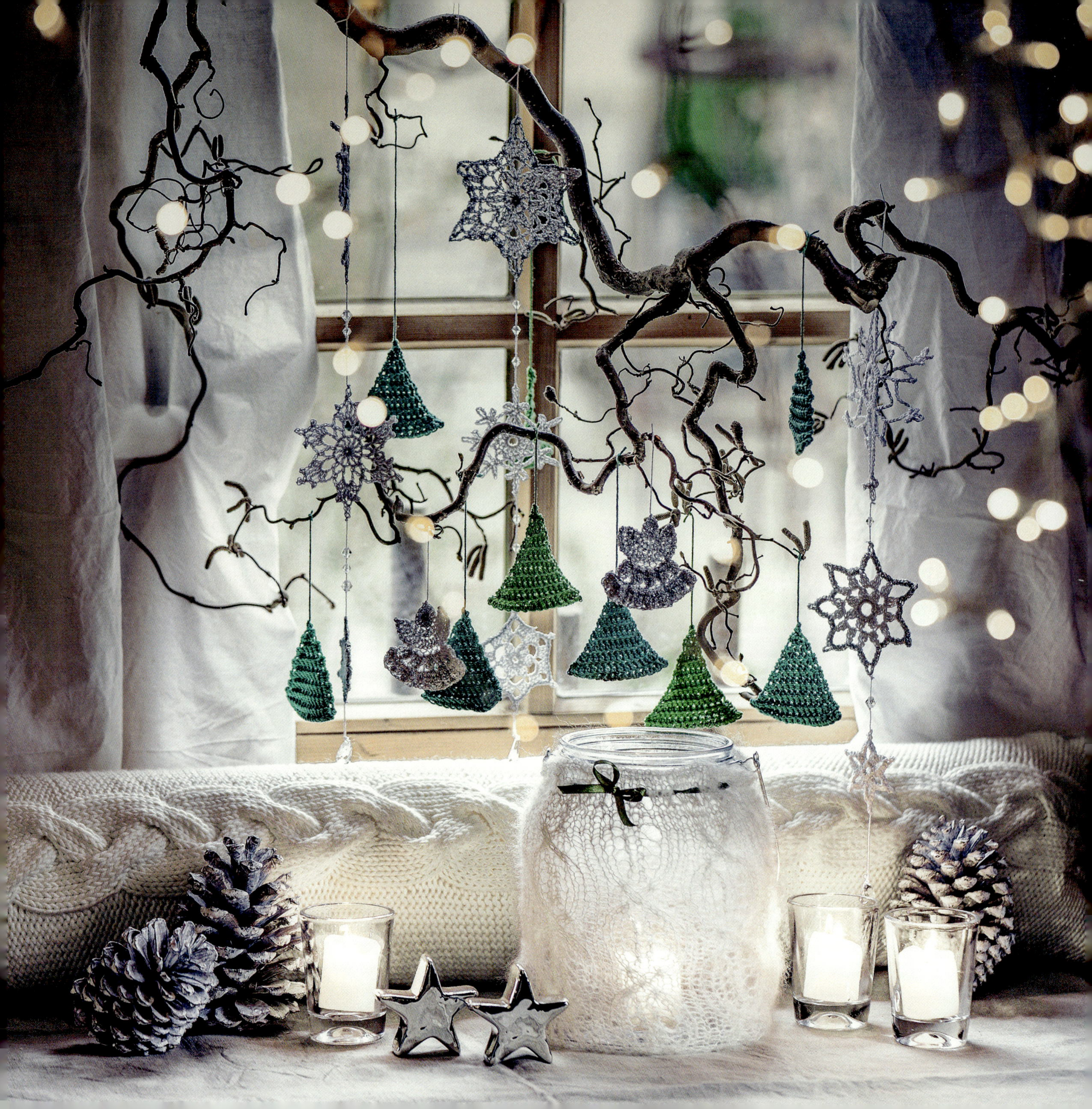

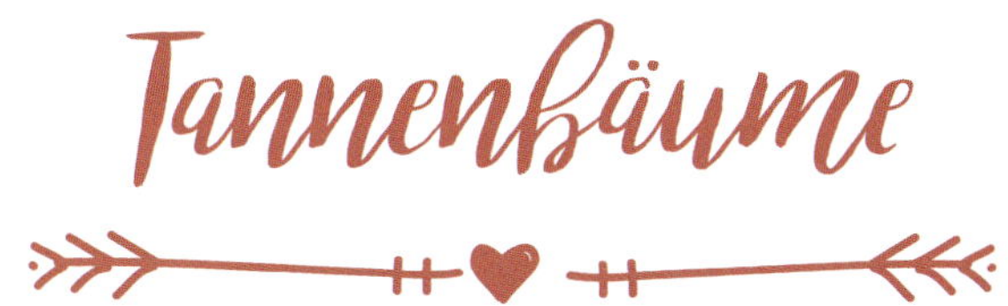

Tannenbäume

Gehäkelt | Größe: 7 cm breit, 7 cm hoch | Schwierigkeitsgrad

MATERIAL

- Schoeller + Stahl „Limone“ (100 % Baumwolle, Lauflänge 125 m/50 g): je 50 g oder Reste in Dunkelgrün, Mittelgrün und Hellgrün
- Häkelnadel Nr. 3

MUSTER

Feste Maschen in Reihen: Soweit nicht anders angegeben, die 1. feste Masche jeder Reihe durch 1 Luftmasche ersetzen. Ab der 2. Reihe stets nur in das hintere Maschenglied einstechen.

MASCHENPROBE

15 feste Maschen und 16 Reihen = 7 x 7 cm

SO WIRD'S GEMACHT

15 Luftmaschen anschlagen.

1. Reihe: 1 Luftmasche (= 1. feste Masche), 14 feste Maschen = 15 Maschen.

2. Reihe: 1 Luftmasche (= 1. feste Masche), dann in jede Masche 1 feste Masche häkeln, dabei nur in das hintere Maschenglied einstechen = 15 Maschen.

3. Reihe: Die 1. Masche überspringen, feste Maschen in jede weitere Masche, dabei nur in das hintere Maschenglied einstechen.

Die 3. Reihe stets wiederholen; dabei wird zu Beginn jeder Reihe 1 Masche weniger gehäkelt. Nachdem nur noch 1 Masche gehäkelt worden ist, den Faden lang abschneiden und durch die letzte Masche ziehen.

Fertigstellung: Nach Wunsch an mehreren Zweigen oder an einem dicken Ast vor dem Fenster aufhängen, dabei sollten die Tannenbäume unterschiedlich hoch hängen, das gibt ein schönes Bild.

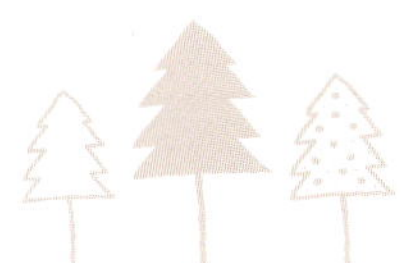

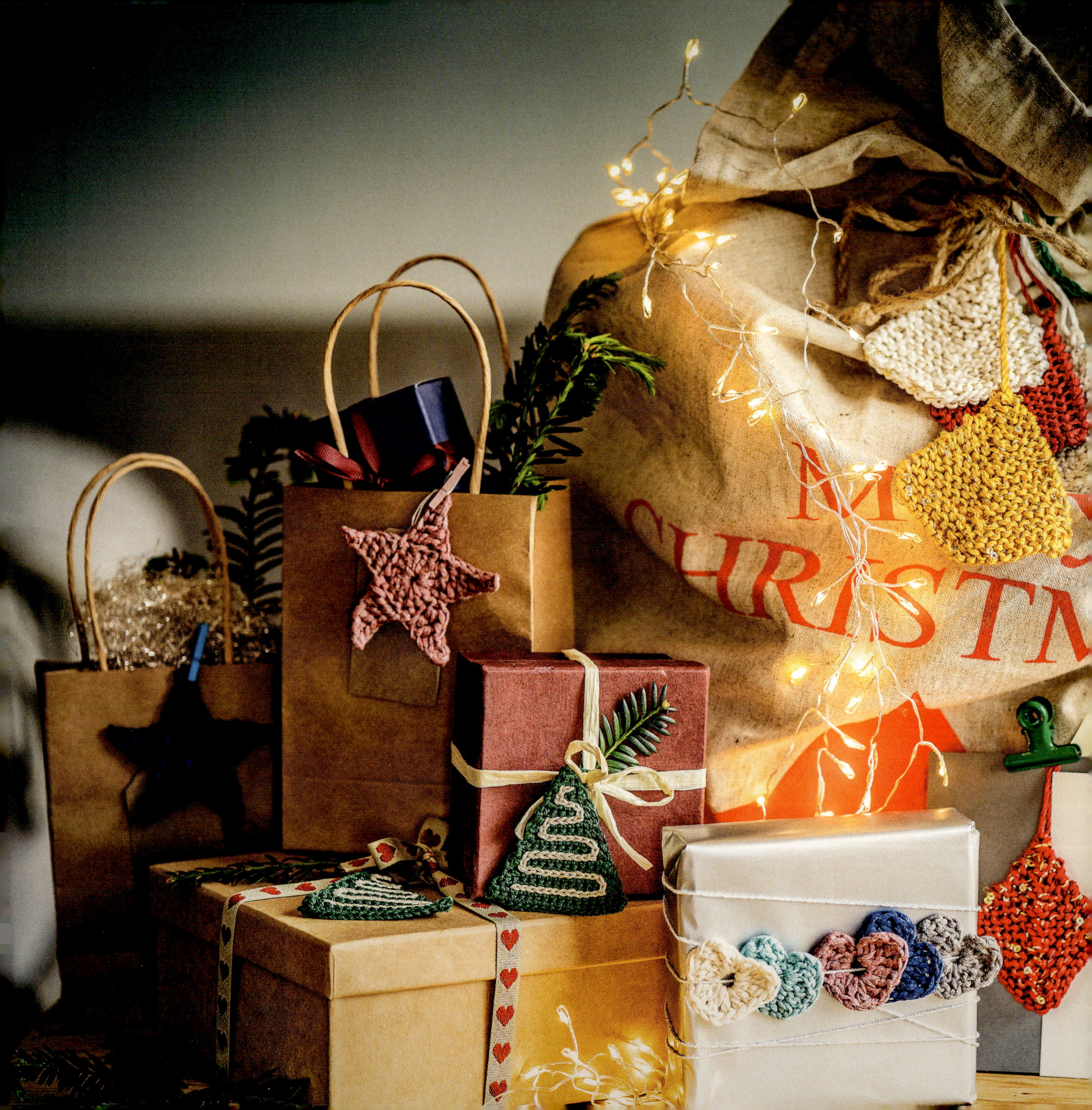

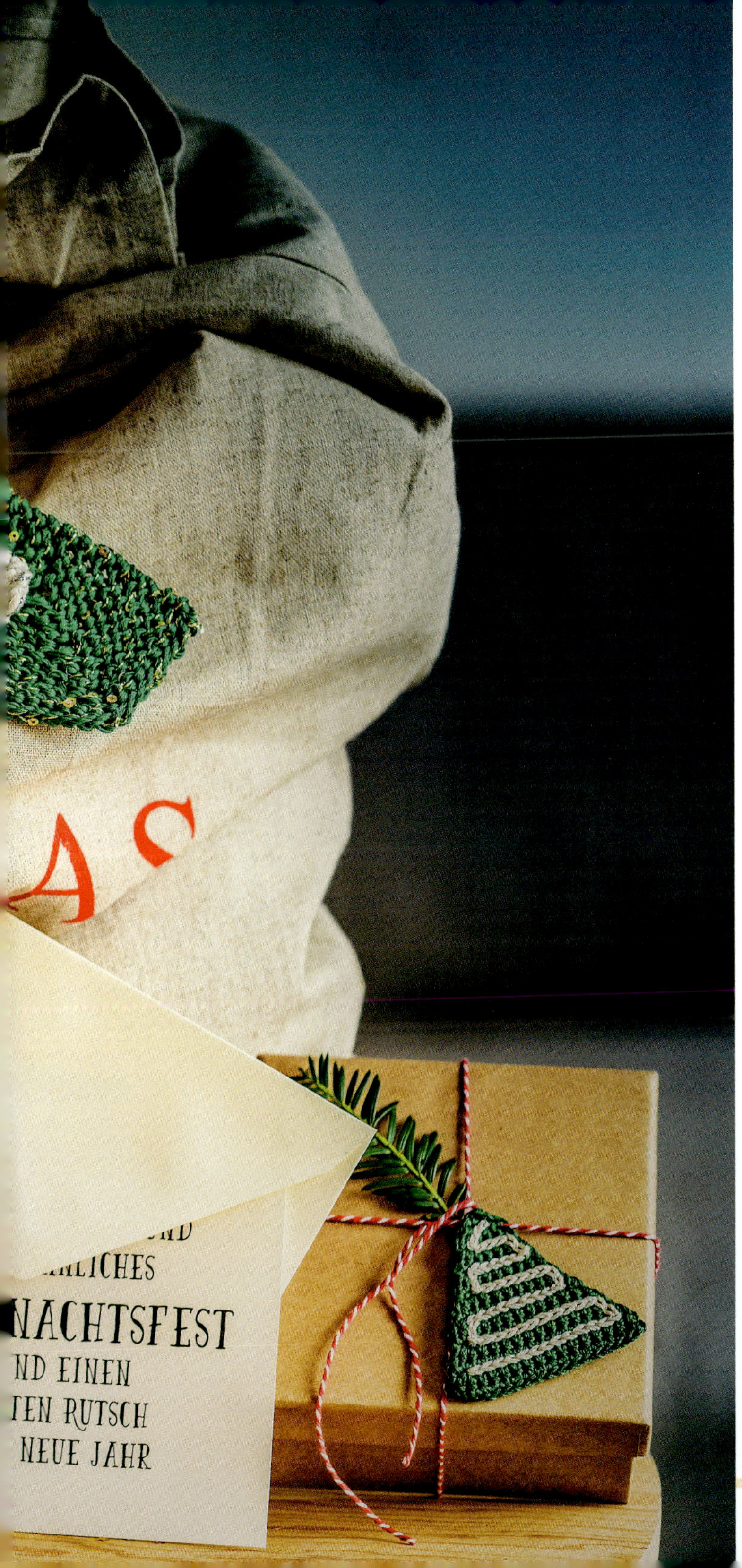

Weihnachtlich verziert

SCHNEEFLOCKEN

Wende ich den Kopf nach oben:
Wie die weißen Flocken fliegen,
fühle ich mich selbst gehoben
und im Wirbeltanze wiegen.
Dicht und dichter das Gewimmel;
eine Flocke bin auch ich.
Wie viel Flocken braucht der Himmel,
eh die Erde langsam sich
weiß umhüllt?

Klabund

Einfache Tannenbäumchen

GESTRICKT | GRÖßE: 7,5 X 8 CM UND 8,5 X 9 CM | SCHWIERIGKEITSGRAD 

MATERIAL

- Schulana „Pimacco“ (100 % Baumwolle, Lauflänge 70 m/50 g): je 50 g Grün, Weinrot, Offwhite und Gold
- ONline „Starlight“ (100 % Polyester metallisiert, Lauflänge 390 m/25 g): je 25 g Gold, Silber und Transparent
- Stricknadeln Nr. 4

MUSTER

Kraus rechts: In Hin- und Rückreihen stets rechte Maschen stricken.

Knötchenrand: Die 1. Masche jeder Reihe wie zum Rechtsstricken abheben, die letzte Masche jeder Reihe rechts stricken.

MASCHENPROBE

Kraus rechts: 19 Maschen und 26 Reihen = 9,5 x 9 cm. Die Bäumchen bekommen ein etwas anderes Maß, weil die Reihen außen nach oben gerichtet sind.

SO WIRD'S GEMACHT

GROßE GESTRICKTE BÄUMCHEN (SIEHE SEITE 60/61): Mit Nadeln Nr. 4 einfädig mit „Pimacco“ in einer der Farben oder zweifädig mit „Pimacco“ in einer der Farben und „Starlight“ in einer der Farben 19 Maschen anschlagen und kraus rechts mit Knötchenrand stricken: Zur Formgebung in jeder 3. Reihe die mittleren 3 Maschen rechts verschränkt zusammenstricken, bis noch 1 Masche übrig ist. Den Faden abschneiden und durchziehen.

KLEINE GESTRICKTE BÄUMCHEN: Wie die größeren Bäumchen stricken, jedoch in jeder 2. Reihe die mittleren 3 Maschen rechts verschränkt zusammenstricken.

Fertigstellung: Für den Aufhänger einen ca. 40 cm langen Faden durch die Spitze ziehen und die Enden verknoten.

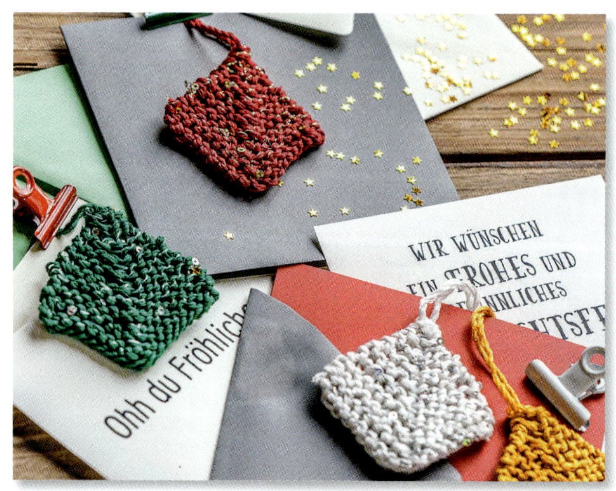

Schneebedeckte Tannenbäumchen

GEHÄKELT | GRÖßE: 6 X 6 CM | SCHWIERIGKEITSGRAD 

MATERIAL

- ONline „Java“ (67 % Baumwolle, 33 % Viskose, Lauflänge 158 m/ 50 g): je 50 g Tanne und Beige
- Häkelnadel Nr. 3

MUSTER

Feste Maschen in Reihen: Soweit nicht anders angegeben, die 1. feste Masche jeder Reihe durch 2 Luftmaschen ersetzen.

MASCHENPROBE

17 feste Maschen und 15 Reihen = 6,5 x 5,5 cm

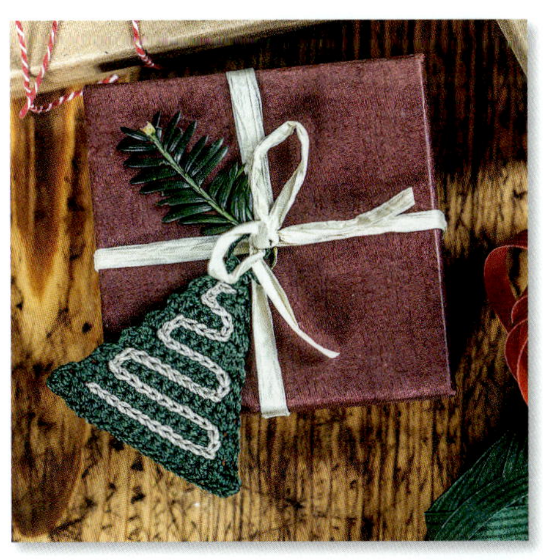

SO WIRD'S GEMACHT

3 Luftmaschen in Tanne anschlagen.

1. Reihe: 2 feste Maschen in die 3. Luftmasche ab Nadel häkeln = 3 Maschen.

Nun stets die 1. feste Masche durch 2 Luftmaschen ersetzen.

2. Reihe: 2 feste Maschen in die 1. Masche, 1 feste Masche, 2 feste Maschen in die letzte Masche = 5 Maschen.

3. Reihe: 5 feste Maschen.

4. Reihe: 2 feste Maschen in die 1. Masche, feste Maschen bis 1 Masche vor Reihenende, 2 feste Maschen in die letzte Masche.

5. Reihe: Feste Maschen ohne Zunahmen arbeiten.

Die 4. und 5. Reihe noch 5x wiederholen, also bis insgesamt 15 Reihen gestrickt sind oder bis die gewünschte Größe erreicht ist.

Fertigstellung: In Beige Kettmaschen in Schlangenlinien aufhäkeln (siehe Foto). Für den Aufhänger einen ca. 40 cm langen Faden durch die Spitze ziehen und die Enden verknoten.

Herz

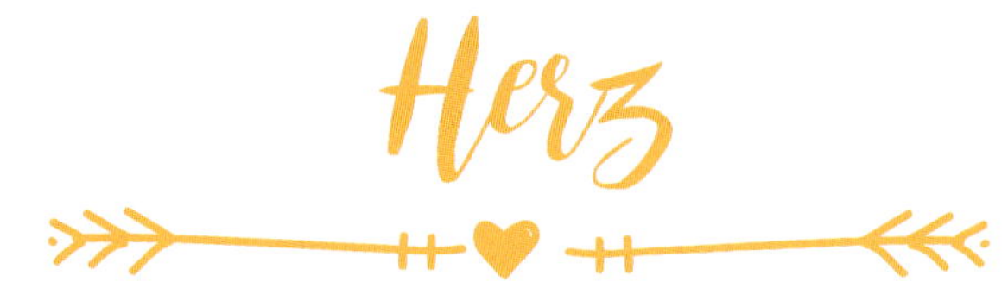

GEHÄKELT | GRÖßE: 4 X 4 CM | SCHWIERIGKEITSGRAD

MATERIAL

- Lana Grossa „Solo Lino Melange" (80 % recyceltes Leinen (Viskose), 20 % Leinen, Lauflänge 105 m/ 50 g): je 50 g Natur, Mint, Royal, Weinrot und Graubraun
- Häkelnadel Nr. 5

SO WIRD'S GEMACHT

In der jeweiligen Farbe mit einem Fadenring beginnen. Dann um diesen Ring 3 Luftmaschen, 3 Doppelstäbchen, 3 Stäbchen, 1 Luftmasche, 1 Stäbchen, 1 Luftmasche, 3 Stäbchen, 3 Doppelstäbchen, 3 Luftmaschen und 1 Kettmasche häkeln. Zum Schluss den Fadenring fest zusammenziehen und die Herzspitze in Form ziehen.

Fertigstellung: Mehrere Herzen lassen sich zum Beispiel auf Geschenkband aufziehen und nach dem Umwickeln des Geschenks darauf schön arrangieren.

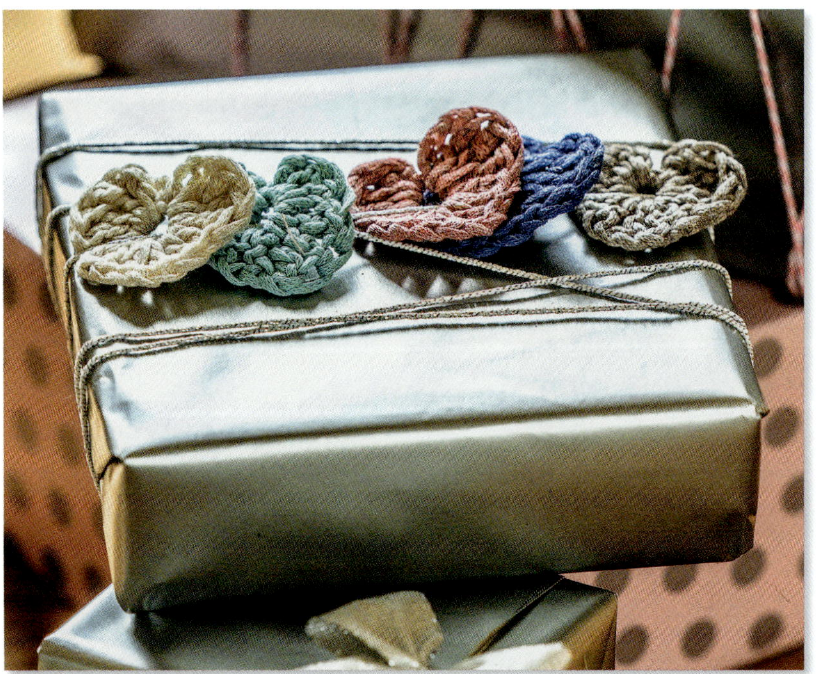

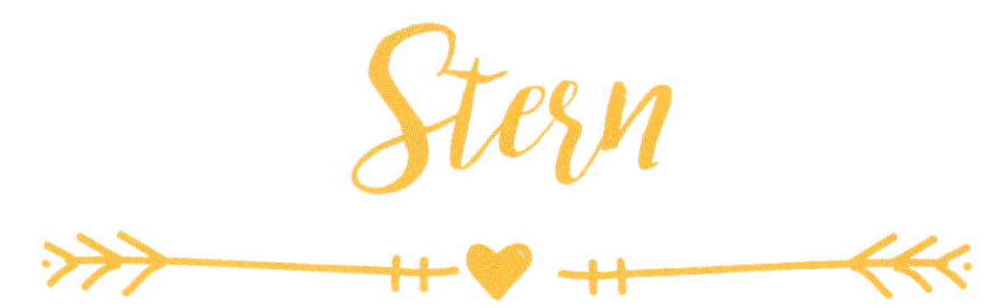

Stern

GEHÄKELT | GRÖẞE: 7 X 7 CM | SCHWIERIGKEITSGRAD

MATERIAL

- Lana Grossa „Solo Lino Melange" (80 % recyceltes Leinen (Viskose), 20 % Leinen, Lauflänge 105 m/ 50 g): je 50 g Natur, Mint, Royal, Weinrot und Graubraun
- Häkelnadel Nr. 4,5

Häkelschrift

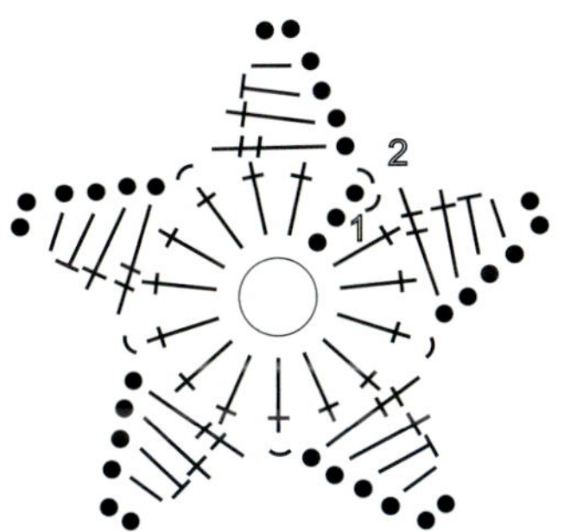

Zeichenerklärung

● = 1 Luftmasche
⌢ = 1 Kettmasche
| = 1 feste Masche
T = 1 halbes Stäbchen
† = 1 Stäbchen
‡ = 1 Doppelstäbchen

SO WIRD'S GEMACHT

In der jeweiligen Farbe mit einem Fadenring beginnen. Dann laut Häkelschrift die 1. und 2. Runde häkeln. Nach der 1. Runde den Fadenring fest zusammenziehen.

Fertigstellung: Den Stern zum Beispiel mit einer kleinen Holzklammer am Geschenk oder der Karte befestigen. Zum Anhängen einen beliebig langen Faden abschneiden, an einer Sternspitze durch die Maschen ziehen und die Enden verknoten.

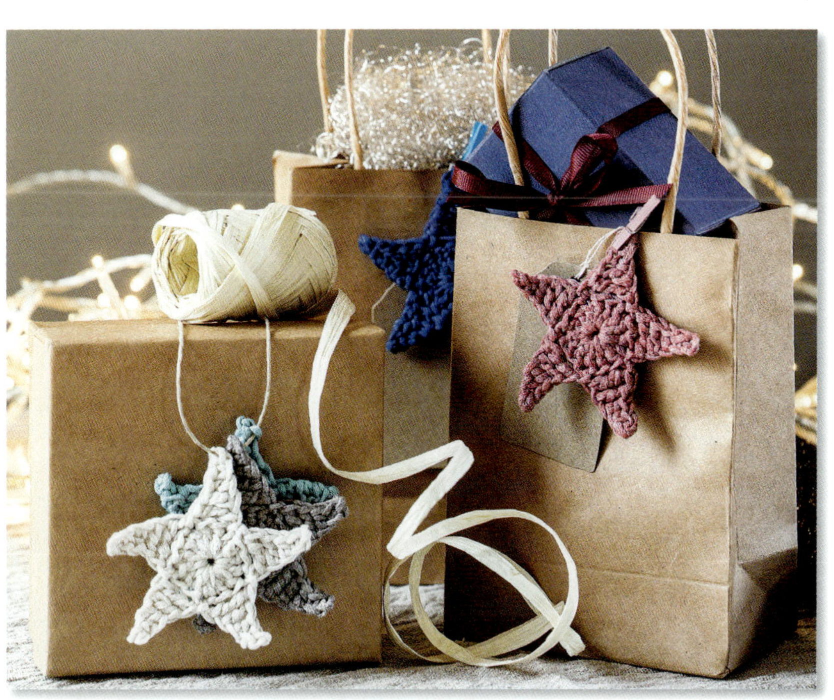

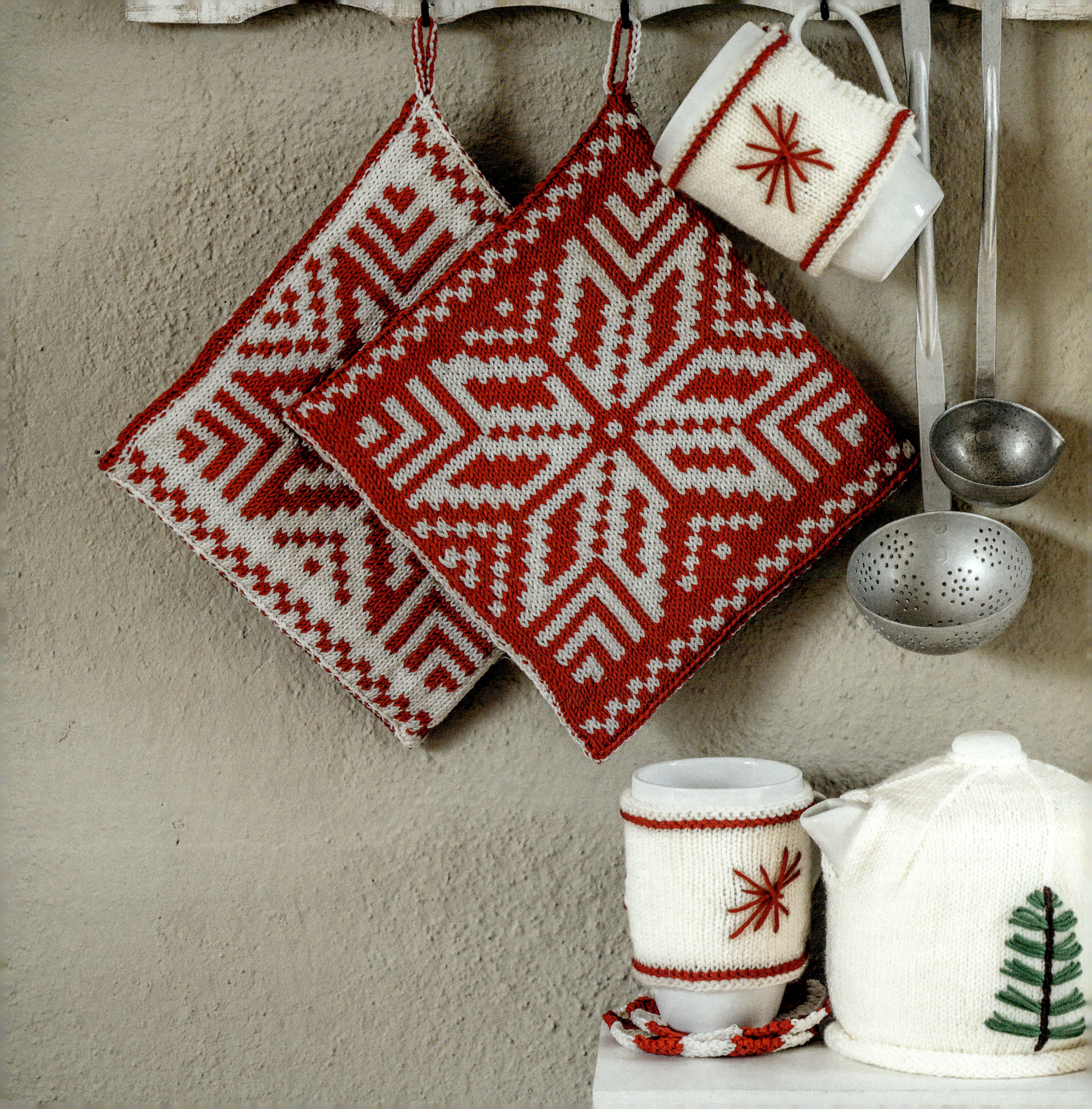

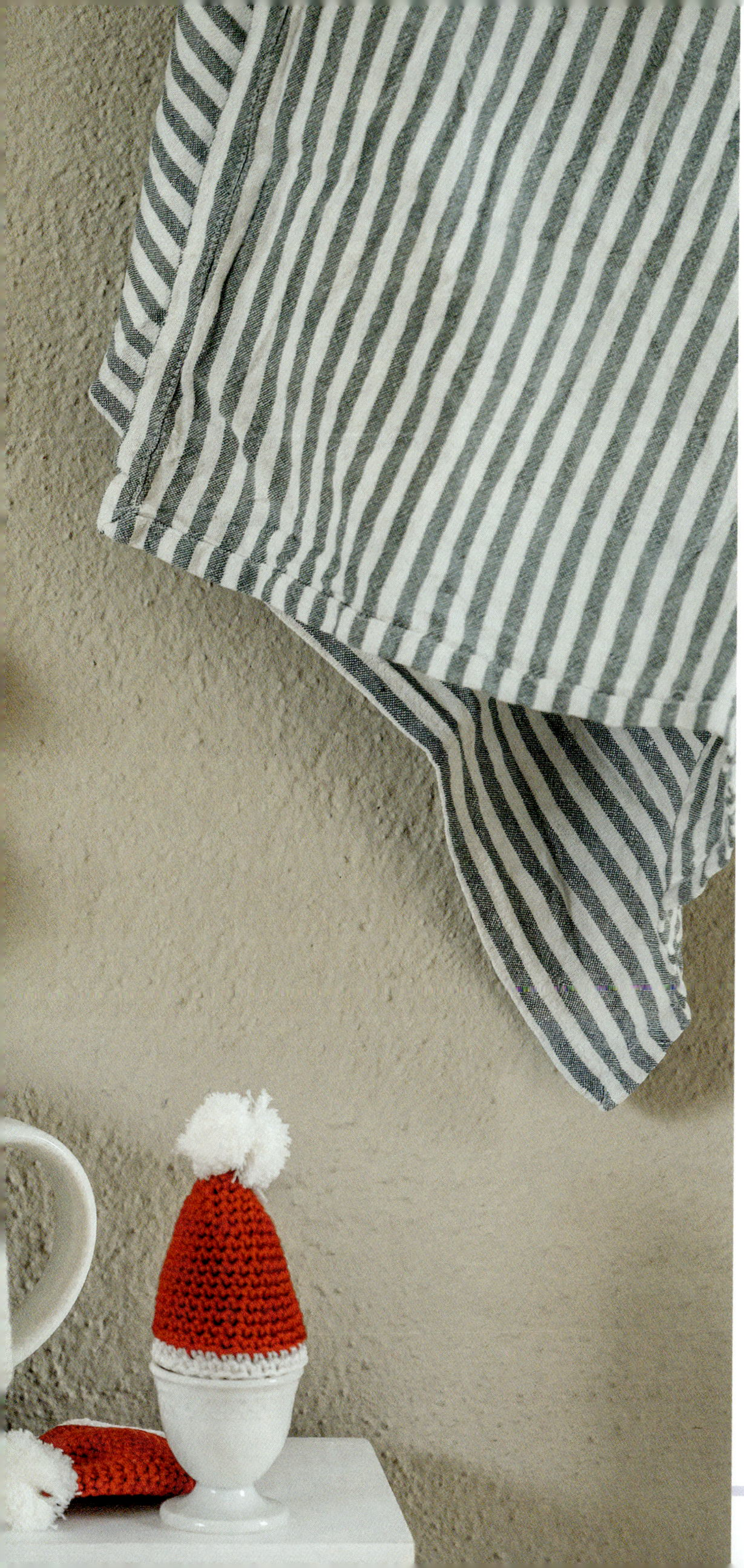

Festliches und Nützliches für die Küche

Da glänzt in die schneeige Winternacht
Der Mond verklärend und kalt;
Es glitzert in funkelnder Silberpracht
Der Reif an den Bäumen im Wald.
O Welt, wie bist du so schön.

Maurice Reinhold von Stern

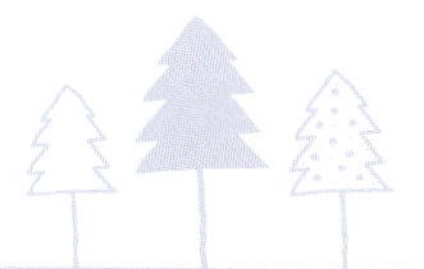

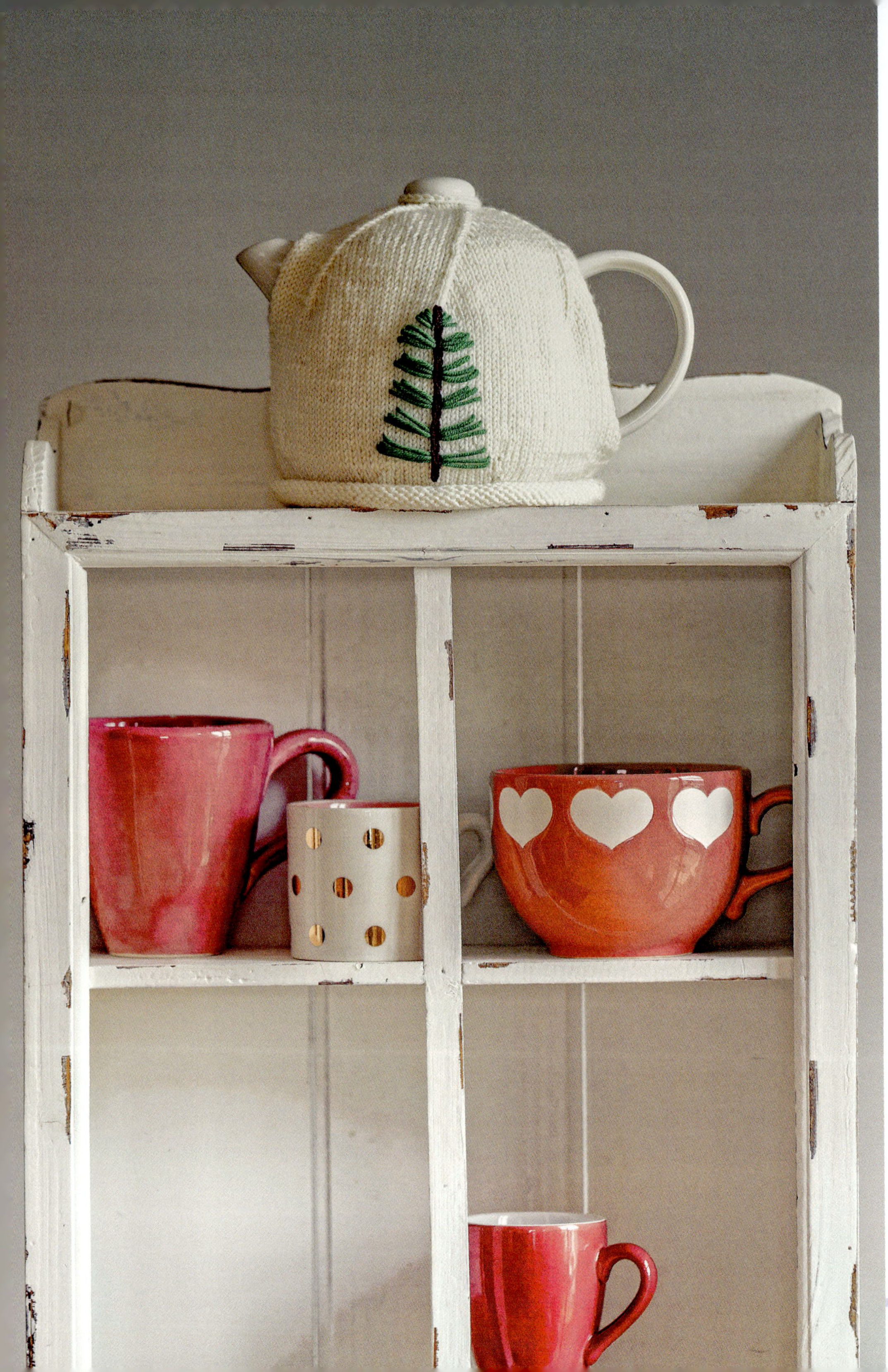

MATERIAL

- Lang Yarns „Merino 120“ (100 % Schurwolle, Lauflänge 120 m/50 g): 50 g Natur und je ein Rest Grün und Dunkelbraun
- Stricknadeln Nr. 3,5
- Nadelspiel Nr. 3,5
- Sticknadel ohne Spitze
- Teekanne, 46 cm Umfang, 14 cm hoch

MUSTER

Glatt rechts: In Hinrcihen rechte Maschen, in Rückreihen linke Maschen stricken. In Runden stets rechte Maschen stricken

MASCHENPROBE

Glatt rechts: 23,5 Maschen und 34 Reihen = 10 x 10 cm

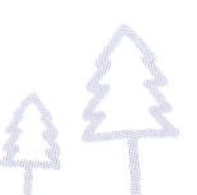

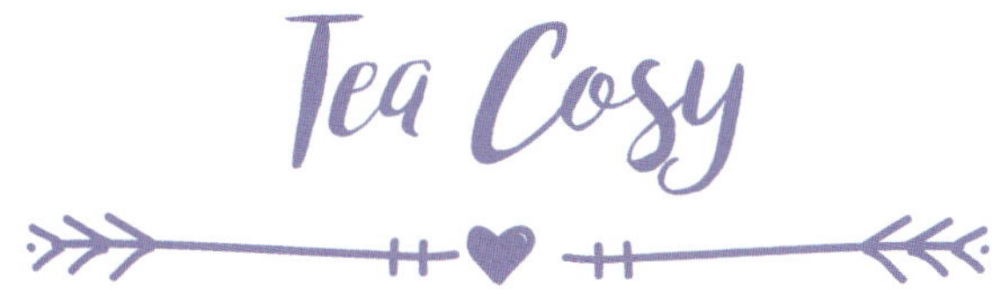

Tea Cosy

GESTRICKT UND BESTICKT | GRÖßE: 42 CM UMFANG, 19 CM HOCH | SCHWIERIGKEITSGRAD 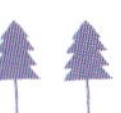

SO WIRD'S GEMACHT

ERSTE HÄLFTE: 52 Maschen in Natur anschlagen und glatt rechts stricken. Zur Formgebung nach 4 cm = 14 Reihen ab Anschlag nach der 6. Masche und 3x nach jeder 13. Masche je 1 Masche rechts verschränkt aus dem Querfaden herausstricken = 56 Maschen. In der folgenden 4. Reihe nach der folgenden 7. Masche und 3x nach jeder 14. Masche je 1 Masche rechts verschränkt aus dem Querfaden herausstricken = 60 Maschen. Nach 12,5 cm = 42 Reihen ab Anschlag zur Formgebung wie folgt 3 Maschen abnehmen: 9 Maschen stricken, 2 Maschen rechts zusammenstricken, * 18 Maschen stricken, 2 Maschen rechts zusammenstricken, ab * noch 1x wiederholen, 9 Maschen stricken = 57 Maschen. Diese Abnahmen noch 5x in jeder 2. Reihe über den gleichen Abnahmestellen wiederholen, dabei verringern sich die Maschen zwischen den Abnahmen in jeder Abnahmerunde um 1 Masche = 42 Maschen. Danach alle Maschen stilllegen.

ZWEITE HÄLFTE: Wie die erste Hälfte arbeiten. Dann alle Maschen auf das Nadelspiel nehmen = 84 Maschen (= 21 Maschen pro Nadel) und in Runden weiterarbeiten. Zur weiteren Formgebung in jeder 2. Runde die Abnahmen wie bisher fortsetzen, bis noch 24 Maschen übrig sind. Alle Maschen abketten.

Fertigstellung: In die Mitte beider Hälften jeweils einen Tannenbaum sticken (siehe Foto). Den Stamm mit Kettstichen in Dunkelbraun arbeiten, dabei ca. 4 cm ab Anschlag beginnen und nach 12,5 cm ab Anschlag enden. Dann mit verschieden langen sehr lockeren Spannstichen in Grün die Zweige aufsticken: die obersten sind 1 Masche, die untersten ca. 7 Maschen ab Stamm lang.

Eine Hälfte an die Kanne legen und mit Stecknadeln markieren, wo die Öffnungen für den Henkel und die Tülle beginnen sollen. Unterhalb dieser Markierungen die Nähte der beiden Hälfte schließen, dabei die untersten 2,5 cm für den Rollrand nach außen schließen.

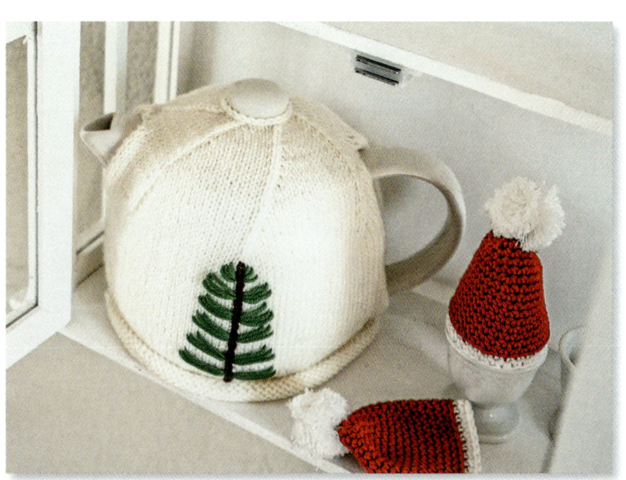

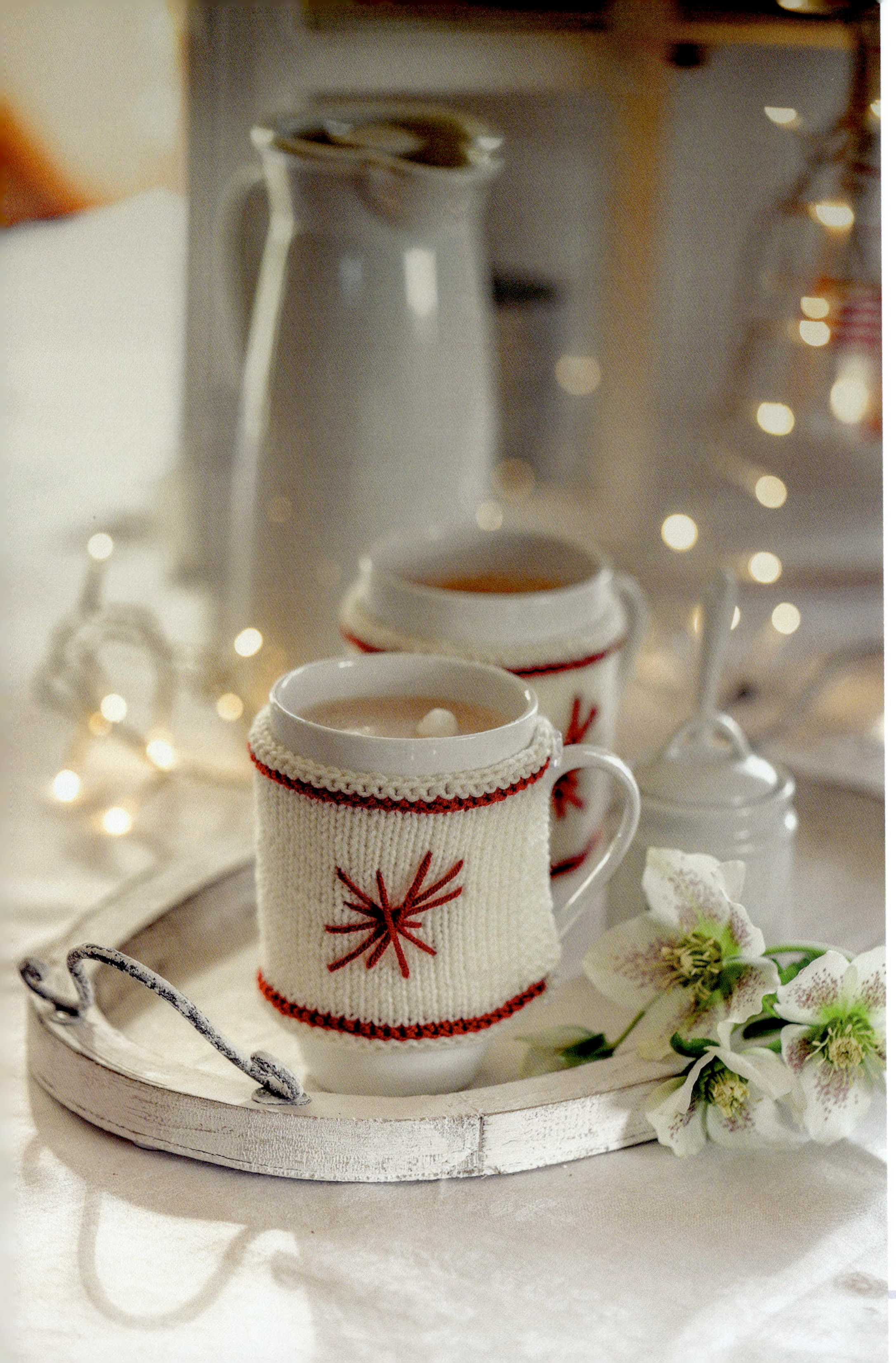

MATERIAL

- Lang Yarns „Merino 120“ (100 % Schurwolle, Lauflänge 120 m/50 g): je 50 g Natur und Weinrot
- Stricknadeln Nr. 3,5
- Häkelnadel Nr. 2,5
- Sticknadel ohne Spitze
- 2 Knöpfe, ø 15 mm
- Tasse, 25 cm Umfang, 13 cm hoch

MUSTER

Glatt rechts: In Hinreihen rechte Maschen, in Rückreihen linke Maschen stricken.

Kraus rechts: In Hin- und Rückreihen rechte Maschen stricken.

Knötchenrand: In jeder Reihe die erste Masche wie zum Rechtsstricken abheben, die letzte Masche rechts stricken.

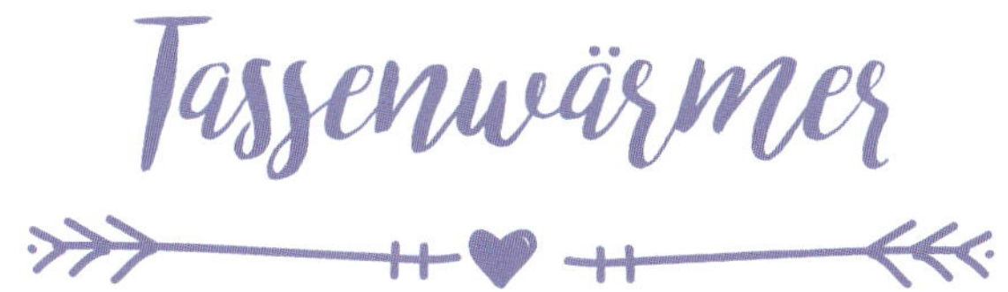

Tassenwärmer

GESTRICKT UND BESTICKT | GRÖßE: 22,5 X 10 CM | SCHWIERIGKEITSGRAD

Muster- und Farbfolge: 1 Rückreihe linke Maschen in Natur, 2 Reihen kraus rechts in Weinrot, 7,5 cm in Natur: Randmasche, 3 Maschen kraus rechts, 45 Maschen glatt rechts, 3 Maschen kraus rechts, Randmasche, 2 Reihen kraus rechts in Weinrot und 2 Reihen kraus rechts in Natur.

MASCHENPROBE

Glatt rechts: 23,5 Maschen und 34 Reihen = 10 x 10 cm

SO WIRD'S GEMACHT

53 Maschen in Natur anschlagen, dabei einen ca. 25 cm langen Anfangsfaden für die spätere Knopfschlinge hängen lassen. Die Muster- und Farbfolge stricken, dabei die Randmaschen stets als Knötchenrand stricken. Danach alle Maschen rechts abketten. Den Faden ca. 25 cm lang abschneiden und für die erste Knopflochschlinge 8 Luftmaschen mit dem Endfaden häkeln, dann mit 1 Kettmasche unterhalb der 1. weinroten Reihe anschlingen. Eine zweite Knopflochschlinge auch mit dem Anfangsfaden häkeln.

Fertigstellung: Den Tassenwärmer quer zur Hälfte legen und so die Mitte markieren. Auf beide Hälften mit ungleich langen Spannstichen jeweils einen unregelmäßigen Stern in Weinrot aufsticken (siehe Foto). Die Knöpfe annähen.

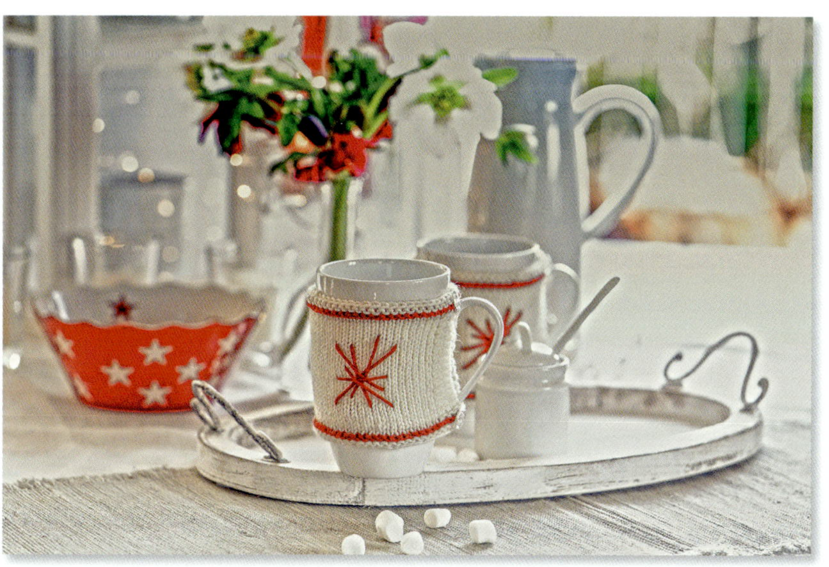

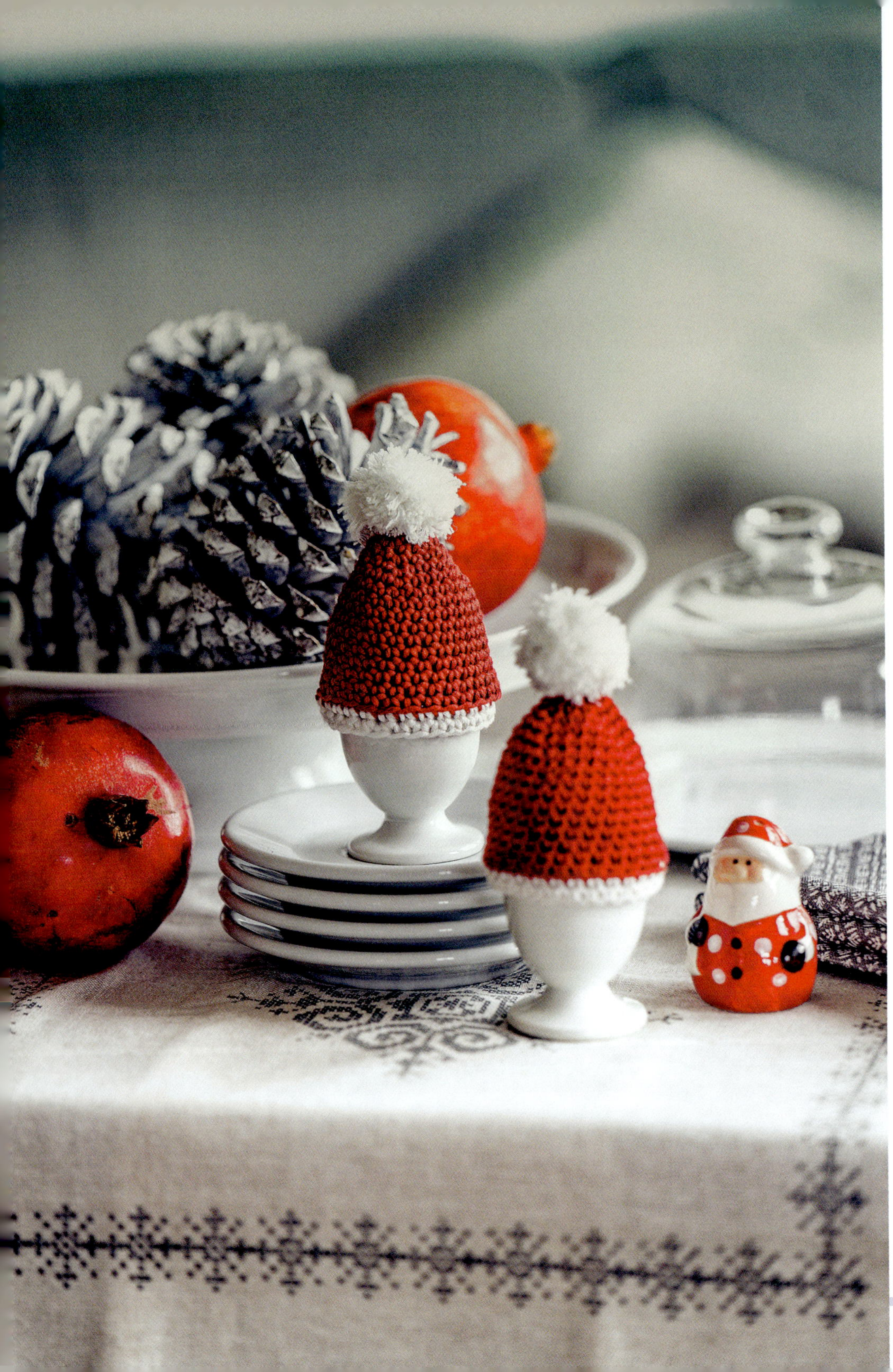

MATERIAL

- ONline „Linie 11 Alpha“ (100 % Baumwolle, Lauflänge 104 m/50 g): je 50 g Weinrot und Weiß
- Häkelnadel Nr. 3,5
- Maschenmarkierer
- Pompon-Maker, ø 35 mm

MUSTER

Feste Maschen in Spiralrunden: Soweit nicht anders angegeben, die Runden nicht mit 1 Kettmasche schließen, sondern direkt in die 1. Masche der Vorrunde einstechen. Den Rundenbeginn mit einem Maschenmarkierer kennzeichnen.

MASCHENPROBE

19,5 feste Maschen und 18 Reihen = 10 x 7,5 cm

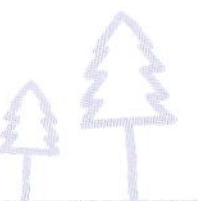

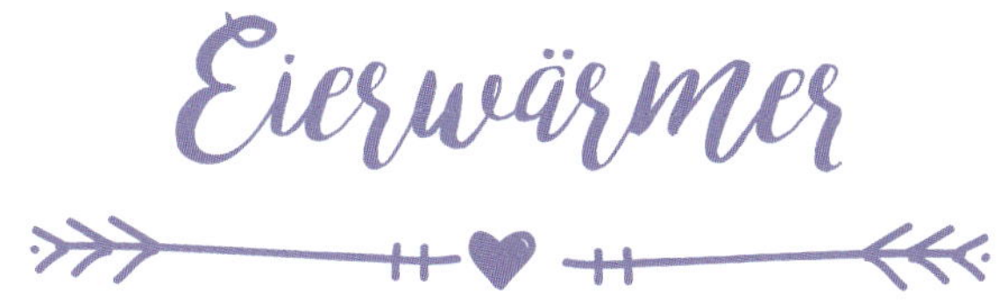

Gehäkelt in Spiralrunden | Größe: 15 cm Umfang, 7,5 cm hoch | Schwierigkeitsgrad 

So wird's gemacht

3 Luftmaschen anschlagen, mit 1 Kettmasche zum Ring schließen. In Spiralrunden weiterarbeiten, dabei den Rundenbeginn mit einem Maschenmarkierer kennzeichnen und die Markierung mitführen.

1. Runde: 6 feste Maschen um den Ring häkeln.

2. Runde: * 1 feste Masche, 2 feste Maschen in die folgende Masche, ab * 3x arbeiten = 9 Maschen.

3. Runde: * 1 feste Masche, 2 feste Maschen in die folgende Masche, ab * 4x arbeiten, 1 feste Masche = 13 Maschen.

4. Runde: * 2 feste Maschen, 2 feste Maschen in 1 Masche, ab * 4x arbeiten, 1 feste Masche = 17 Maschen.

5. Runde: * 3 feste Maschen, 2 feste Maschen in 1 Masche, ab * 4x arbeiten, 1 feste Masche = 21 Maschen.

6. Runde: * 4 feste Maschen, 2 feste Maschen in 1 Masche, ab * 4x arbeiten, 1 feste Masche = 25 Maschen.

7. Runde: * 5 feste Maschen, 2 feste Maschen in 1 Masche, ab * 4x arbeiten, 1 feste Masche = 29 Maschen.

Nun nur noch 1 feste Masche in jede Masche häkeln, bis die Mütze 6,5 cm hoch ist. Mit 1 Kettmasche in die 1. Masche die Runde schließen – für einen exakten Übergang diese Kettmasche bereits mit Weiß arbeiten. Danach in Weiß 2 Spiralrunden feste Maschen in Weiß häkeln, dabei in der 1. Runde nur in das hintere Maschenglied einstechen, in der 2. Runde in beide Maschenglieder einstechen. Die letzte Runde mit 1 Kettmasche in die 1. Masche schließen.

Fertigstellung: Einen kleinen Pompon in Weiß mit 3,5 cm Durchmesser anfertigen und an der Mützenspitze anbringen.

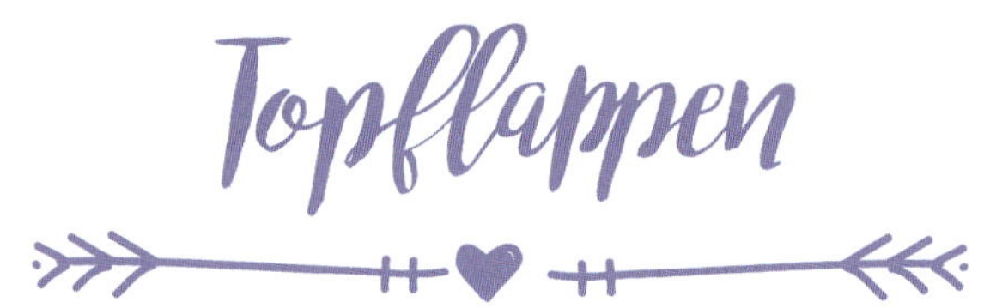

Topflappen

Gestrickt mit Jacquardmuster | Größe: 22 x 22 cm | Schwierigkeitsgrad 

MATERIAL

- ONline „Linie 11 Alpha“ (100 % Baumwolle, Lauflänge 104 m/50 g): je 100 g Weiß und Weinrot
- Stricknadeln Nr. 3
- Häkelnadel Nr. 3

MUSTER

Glatt rechts: In Hinreihen rechte Maschen, in Rückreihen linke Maschen stricken.

Jacquardmuster über 62 Maschen: Nach dem Zählmuster glatt rechts stricken. Es sind nur die Hinreihen gezeichnet; in den Rückreihen in der Farbe stricken, wie die Maschen erscheinen. Die 1.–70. Reihe 1x stricken.

Hinweis: Bei längeren Spannfäden, den Faden auf der Rückseite einweben.

MASCHENPROBE

Jacquardmuster: 26,5 Maschen und 31,5 Reihen = 10 x 10 cm

SO WIRD'S GEMACHT

WEIß-ROTE SEITE (2x): 62 Maschen in Weiß anschlagen und 76 Reihen nach dem Zählmuster glatt rechts stricken. Dann alle Maschen abketten.

ROT-WEIßE SEITE (2x): Wie die weiß-rote Seite stricken, jedoch die gezeichneten roten Flächen in Weiß und die gezeichneten weißen Flächen in Rot stricken.

Fertigstellung: Jede Seite in der jeweiligen Grundfarbe mit 1 Runde Kettmaschen umhäkeln. Für den Aufhänger an einer Ecke eine Schlinge in Rot arbeiten. Dafür 20 Luftmaschen anschlagen und mit 1 Kettmasche zur Schlinge schließen. Dann noch 1 Runde Kettmaschen in Weiß häkeln, dabei je eine weiß-rote mit einer rot-weißen Seite zusammennähen.

Zählmuster

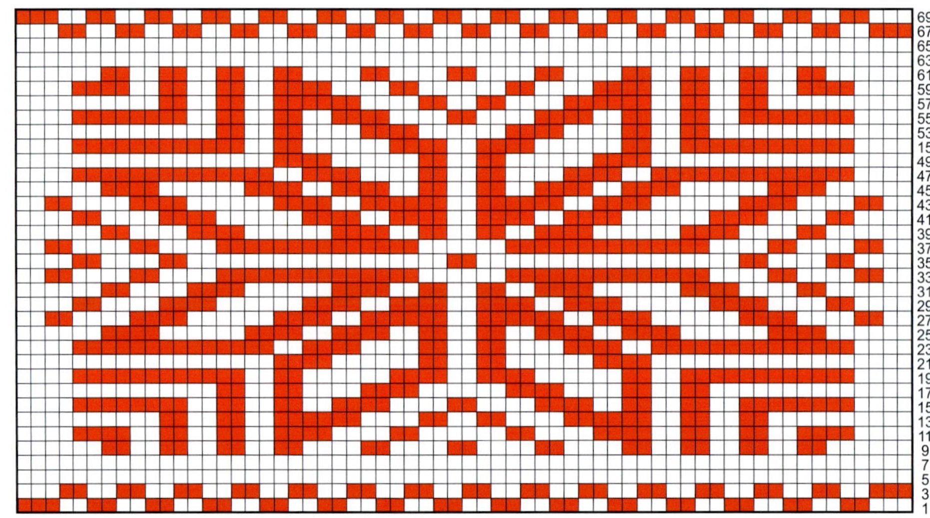

Zeichenerklärung

□ = 1 Masche in Weiß

■ = 1 Masche in Rot

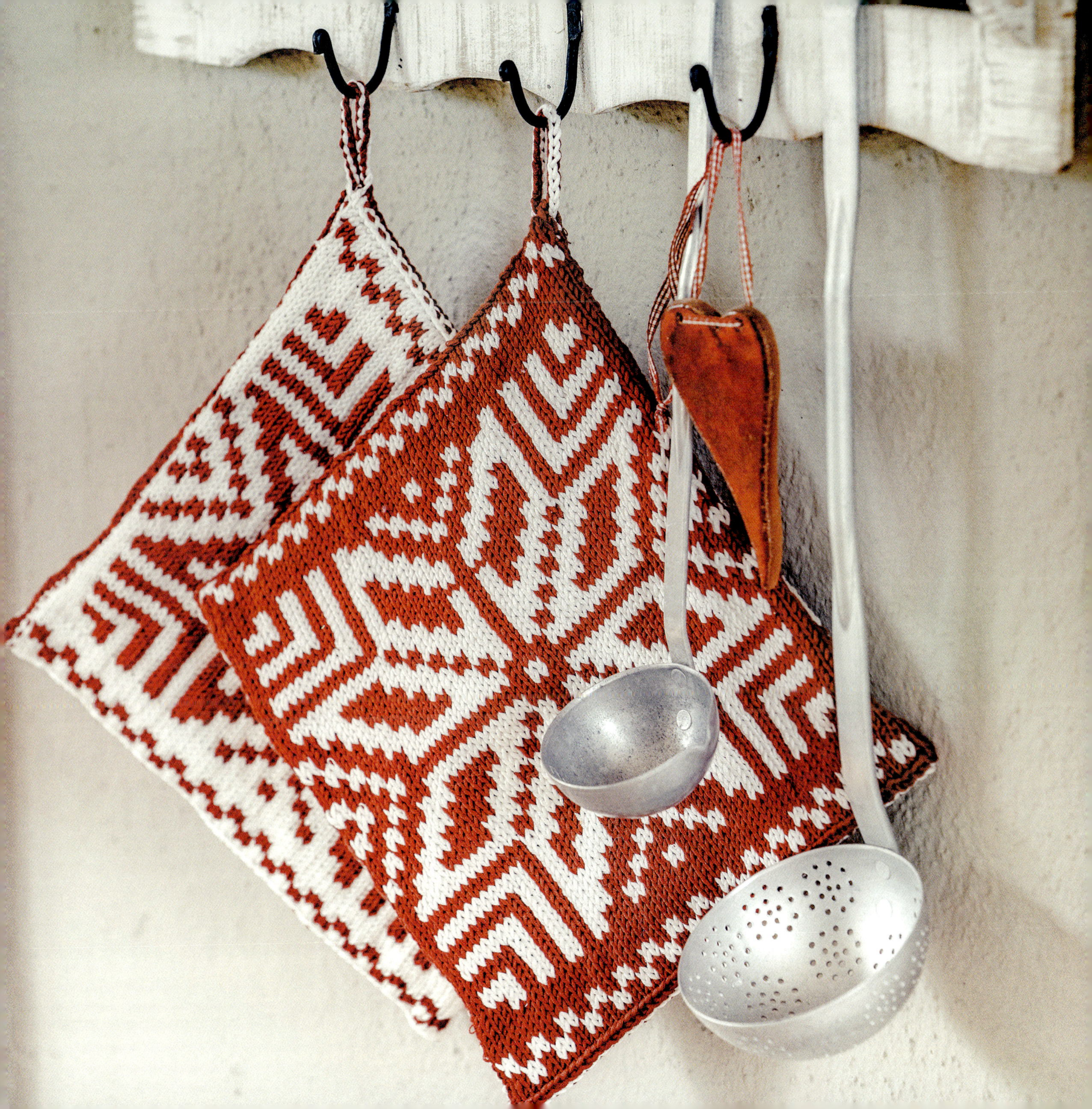

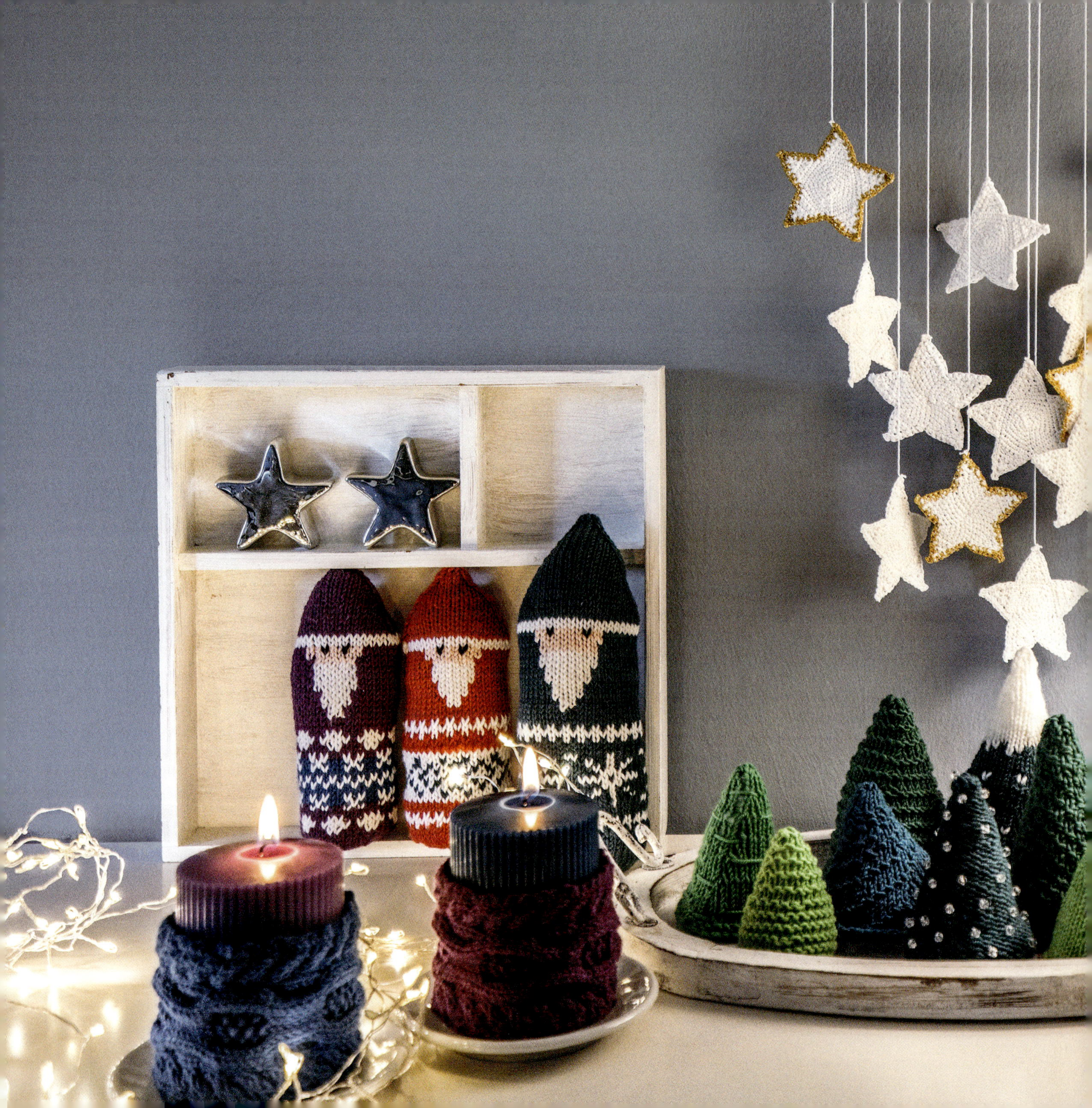

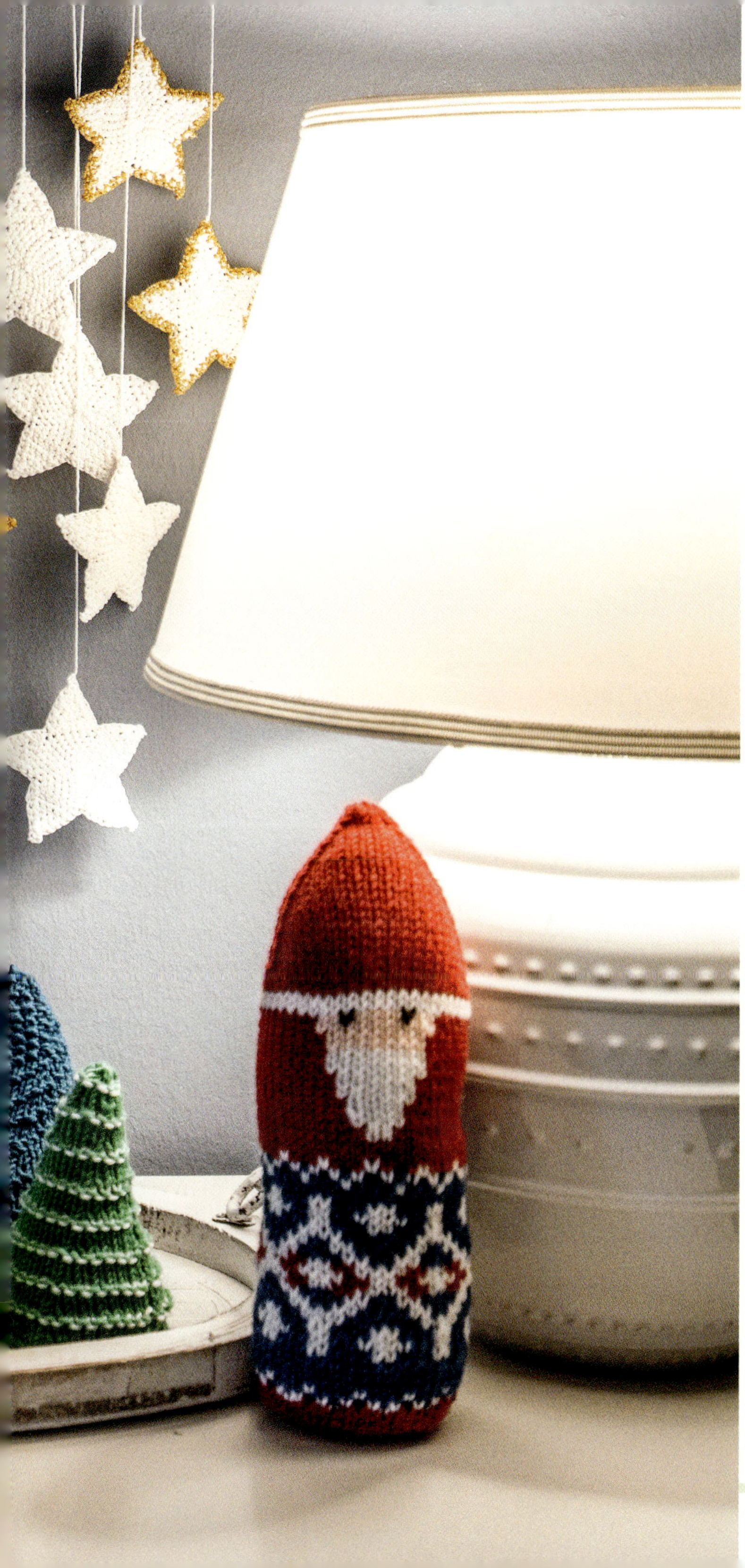

Stylische Deko für Sideboard, Tisch und Regal

Die hohen Tannen atmen heiser
im Winterschnee, und bauschiger
schmiegt sich sein Glanz um alle Reiser.
Die weißen Wege werden leiser,
die trauten Stuben lauschiger.

Rainer Maria Rilke

Kerzenschal

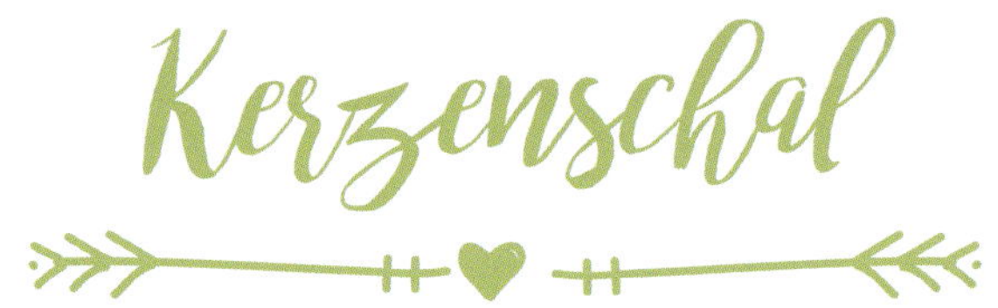

GESTRICKT MIT ZOPFMUSTER | GRÖẞE: 7 CM BREIT | SCHWIERIGKEITSGRAD 

MATERIAL

- Lana Grossa „Cool Wool" (100 % Schurwolle, Lauflänge 160 m/50 g): 50 g Dunkelviolett oder Blaupetrol
- Stricknadeln Nr. 3,5

MUSTER

Zopfmuster über 27 Maschen: Nach der Strickschrift stricken. Es sind die Hin- und Rückreihen gezeichnet. Die 1.–16. Reihe stets wiederholen. Die Maschen sind gezeichnet wie sie auf der Vorderseite erscheinen.

MASCHENPROBE

Zopfmuster: 27 Maschen und 34 Reihen = 7 x 10 cm

SO WIRD'S GEMACHT

27 Maschen in der gewünschten Farbe anschlagen und in der Länge des Kerzenumfangs im Zopfmuster stricken. Dann alle Maschen abketten.

Fertigstellung: Die Anschlagsreihe an die Abkettreihe nähen und den „Loopschal" um die Kerze legen.

Strickschrift

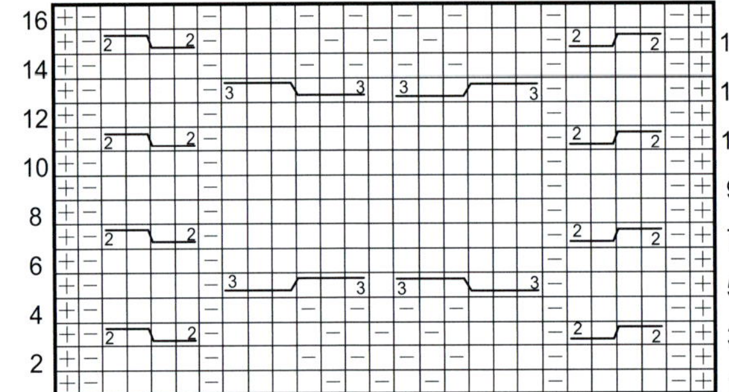

Zeichenerklärung

- ⊞ = Randmasche
- ☐ = 1 Masche rechts
- ⊟ = 1 Masche links
- [2 2] = 2 Maschen auf eine Hilfsnadel vor die Arbeit legen, 2 Maschen rechts, dann die Maschen der Hilfsnadel rechts stricken
- [2 2] = 2 Maschen auf eine Hilfsnadel hinter die Arbeit legen, 2 Maschen rechts, dann die Maschen der Hilfsnadel rechts stricken
- [3 3] = 3 Maschen auf eine Hilfsnadel vor die Arbeit legen, 3 Maschen rechts, dann die Maschen der Hilfsnadel rechts stricken
- [3 3] = 3 Maschen auf eine Hilfsnadel hinter die Arbeit legen, 3 Maschen rechts, dann die Maschen der Hilfsnadel rechts stricken

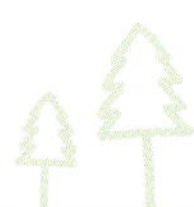

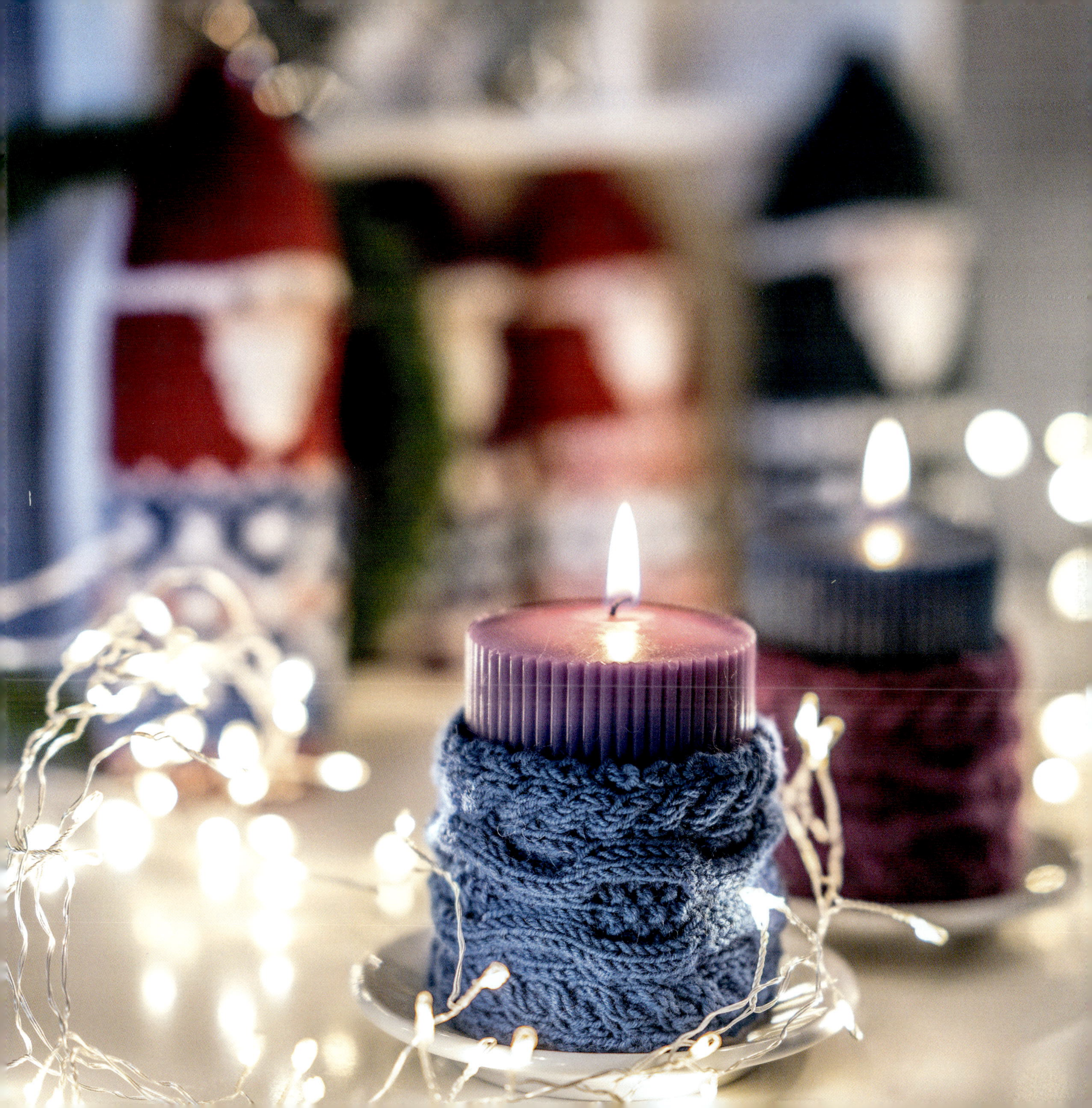

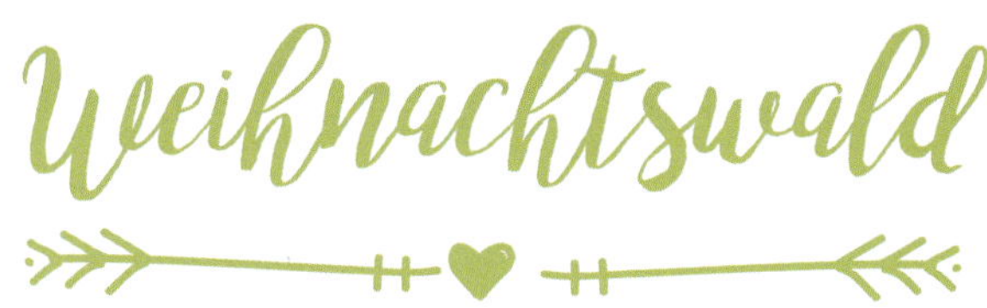

Weihnachtswald

Gestrickt mit verschiedenen Mustern | Größe: Siehe jeweilige Tanne | Schwierigkeitsgrad 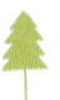

Material

- Lana Grossa „Cool Wool" (100 % Schurwolle, Lauflänge 160 m/50 g): je 50 g Flaschengrün, Grün, Hellgrün, Apfelgrün und Weiß
- Nadelspiel Nr. 3,5
- Nähgarn in Weiß
- Sticknadel ohne Spitze
- feine Nähnadel (zum Perlenaufsticken)
- Füllwatte
- facettierte Glasperlen, transparent, 4 mm

Muster

Glatt rechts: In Runden stets rechte Maschen stricken.

Glatt links: In Runden stets linke Maschen stricken.

Großes Perlmuster: 1 Masche rechts, 1 Masche links im Wechsel stricken. Die Maschen in jeder 2. Runde versetzen.

Kraus rechts: In Runden abwechselnd 1 Runde rechte Maschen und 1 Runde linke Maschen stricken.

Maschenprobe

Glatt rechts: 22,5 Maschen und 35,5 Reihen = 10 x 10 cm

So wird's gemacht

Hinweis: Modellzuordnung siehe Foto Seite 83.

TANNE A (13 cm Umfang, 7 cm hoch): In Hellgrün 32 Maschen anschlagen, auf 4 Nadeln des Nadelspiels verteilen – 8 Maschen je Nadel. * 1 Runde rechte Maschen, 1 Runde linke Maschen, 1 Runde rechte Maschen stricken, ab * stets wiederholen. In der 4. Runde gleichmäßig verteilt 4 Maschen abnehmen = 28 Maschen. Diese Abnahmen in jeder 4. Runde wiederholen, bis noch 4 Maschen übrig sind. Die restlichen 4 Maschen mit dem Faden zusammenziehen.

TANNE B (13 cm Umfang, 9 cm hoch): In Hellgrün 32 Maschen anschlagen, auf 4 Nadeln des Nadelspiels verteilen – 8 Maschen je Nadel. 2 Runden kraus rechts, dann glatt rechts stricken. Nach 4 Runden gleichmäßig verteilt 4 Maschen abnehmen = 28 Maschen. Diese Abnahmen in jeder 4. Runde wiederholen, bis noch 4 Maschen übrig sind. Die restlichen 4 Maschen mit dem Faden zusammenziehen.

TANNE C (18 cm Umfang, 13 cm hoch): In Grün 48 Maschen anschlagen, auf 4 Nadeln des Nadelspiels verteilen – 12 Maschen je Nadel. Im großen Perlmuster stricken. Nach 8 Runden gleichmäßig verteilt 8 Maschen abnehmen, dafür 4x je 3 Maschen mustergemäß zusammenstricken = 40 Maschen. Diese Abnahmen in jeder 8. Runde wiederholen, dabei die Abnahmen über den bisherigen Abnahmestellen arbeiten, bis noch 8 Maschen übrig sind. Dann in der folgenden 4. Runde fortlaufend 2 Maschen rechts zusammenstricken = 4 Maschen. Die restlichen 4 Maschen mit dem Faden zusammenziehen.

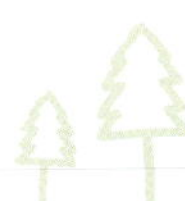

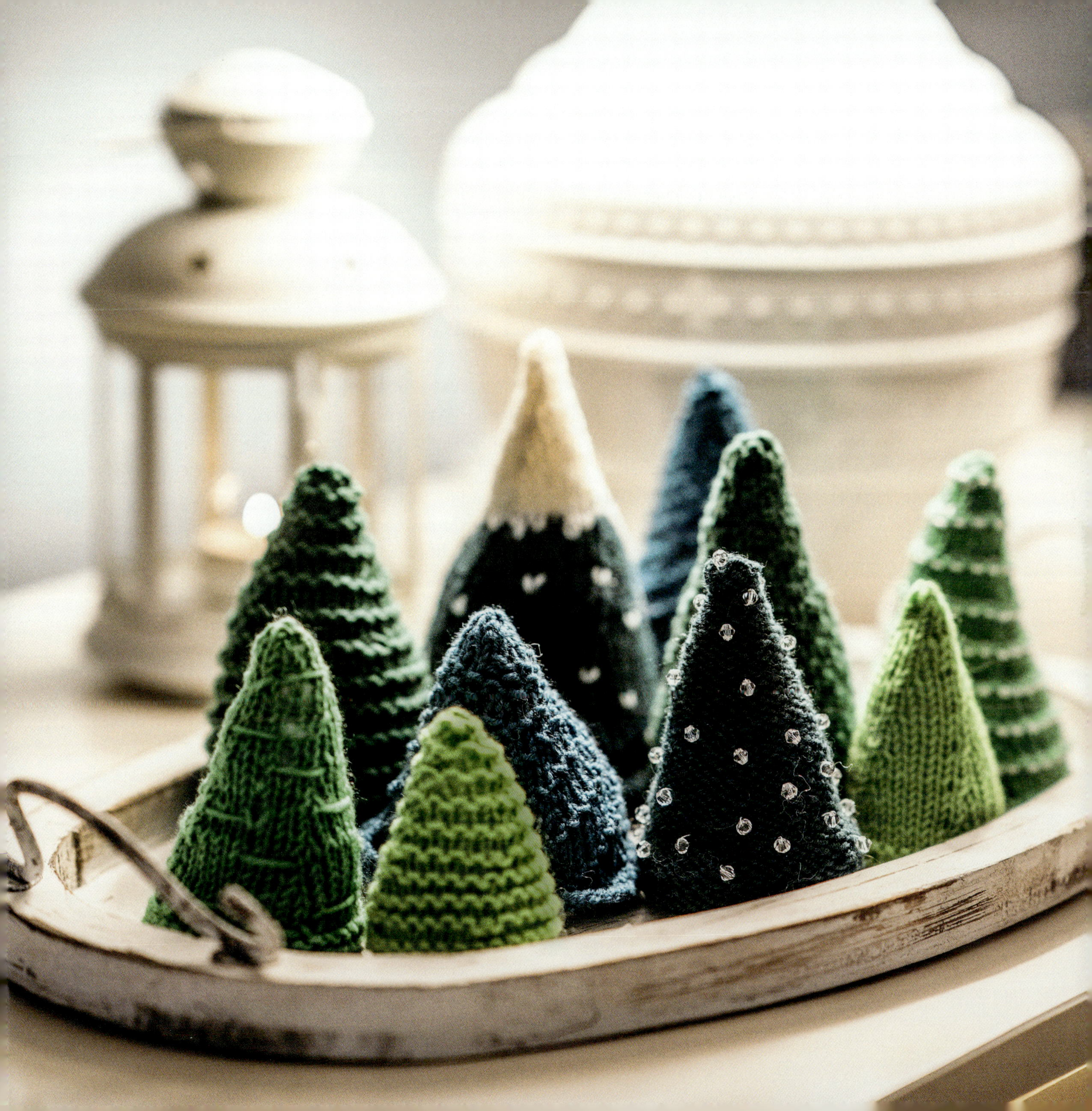

TANNE D (22 cm Umfang, 12 cm hoch): In Grün 52 Maschen anschlagen, auf 4 Nadeln des Nadelspiels verteilen – 13 Maschen je Nadel. 1 Runde rechte Maschen stricken. Dann stets 1 Runde linke Maschen und 3 Runden rechte Maschen im Wechsel stricken. Dabei nach 4 Runden ab Anschlag gleichmäßig verteilt 4 Maschen abnehmen = 48 Maschen. Diese Abnahmen in jeder 4. Runde wiederholen, bis noch 4 Maschen übrig sind. Die restlichen 4 Maschen mit dem Faden zusammenziehen.

TANNE E (22 cm Umfang, 9 cm hoch): In Petrolgrün 56 Maschen anschlagen, auf 4 Nadeln des Nadelspiels verteilen – 14 Maschen je Nadel. 7 Maschen rechts und 1 Masche links im Wechsel stricken. Diese Maschenfolge in jeder Runde stricken, dabei jedoch die linke Masche in jeder Runde um 1 Masche nach rechts versetzen. Nach 4 Runden gleichmäßig verteilt 4 Maschen abnehmen = 52 Maschen. Es sind nun 1x 6 und 1x 7 rechte Maschen zwischen den linken Maschen; auch im Folgenden immer darauf achten, dass die linke Masche um 1 Masche nach rechts versetzt wird, auch wenn die rechten Maschen eine ungleiche Anzahl haben. Diese Abnahmen in jeder 4. Runde wiederholen, bis noch 4 Maschen übrig sind. Nach oben hin lässt sich der Maschenrhythmus nicht mehr immer einhalten, dann einfach nach Belieben stricken und in den letzten 4 Runden nur noch rechts stricken. Die restlichen 4 Maschen mit dem Faden zusammenziehen.

TANNE F (22 cm Umfang, 13 cm hoch): Wie Tanne E stricken, jedoch die Abnahmen in jeder 5. Runde arbeiten.

Fertigstellung Tanne A–F: Das Bäumchen mit Füllwatte ausstopfen.

TANNE G (24 cm Umfang, 5 cm hoch): In Flaschengrün 56 Maschen anschlagen, auf 4 Nadeln des Nadelspiels verteilen – 14 Maschen je Nadel – und glatt rechts stricken. Nach 12 Runden gleichmäßig verteilt 4 Maschen abnehmen = 52 Maschen. Diese Abnahmen in jeder 4. Runde wiederholen, bis noch 4 Maschen übrig sind. Nach 41 Runden in Weiß weiterarbeiten. Die restlichen 4 Maschen mit dem Faden zusammenziehen. Am Beginn des Bäumchens bildet sich ein Rollrand.

Fertigstellung: In Weiß über die grüne Fläche verteilt einzelne Maschenstiche aufsticken und auch unterhalb der weißen Fläche weiße Maschenstiche arbeiten, dabei mit 2–7 Maschenstichen direkt unter der weißen Fläche beginnen und nach unten hin immer weniger Maschenstiche arbeiten, zuletzt nur noch 1 Maschenstich. Das Bäumchen mit Füllwatte ausstopfen.

TANNE H (16 cm Umfang, 11 cm hoch): In Flaschengrün 40 Maschen anschlagen, auf 4 Nadeln des Nadelspiels verteilen – 10 Maschen je Nadel. 3 Runden kraus rechts stricken, dabei mit 1 Runde linker Maschen beginnen, dann glatt links weiterarbeiten. Nach 4 Runden ab Anschlag gleichmäßig verteilt 4 Maschen abnehmen = 36 Maschen. Diese Abnahmen in jeder 4. Runde wiederholen, bis noch 4 Maschen übrig sind. Die restlichen 4 Maschen mit dem Faden zusammenziehen.

Fertigstellung: Die Miniglasperlen über die ganze Tanne verteilt mit dem weißen Nähfaden aufnähen. Das Bäumchen mit Füllwatte ausstopfen.

TANNE I (19 cm Umfang, 11 cm hoch): In Apfelgrün 40 Maschen anschlagen, auf 4 Nadeln des Nadelspiels verteilen – 10 Maschen je Nadel. 2 Runden kraus rechts stricken. Dann stets 4 Runden glatt rechts in Apfelgrün und 1 Runde linke Maschen in Weiß im Wechsel stricken. Nach 3 Runden ab Anschlag gleichmäßig verteilt 4 Maschen abnehmen = 36 Maschen. Diese Abnahmen in jeder 5. Runde wiederholen, bis noch 4 Maschen übrig sind. Die restlichen 4 Maschen mit dem Faden zusammenziehen.

TANNE J (18 cm Umfang, 9 cm hoch): In Apfelgrün 36 Maschen anschlagen, auf 4 Nadeln des Nadelspiels verteilen – 9 Maschen je Nadel. 3 Runden kraus rechts stricken, dabei mit 1 Runde linker Maschen beginnen. Dann glatt rechts weiterarbeiten, dabei in der 1. Runde jede 7.–9. Masche wie zum Linksstricken abheben mit dem Faden vor den Maschen. In jeder 4. Runde jeweils 3 Maschen abheben mit dem Faden vor den Maschen, dabei diese 3 Maschen immer versetzt zwischen den zuvor abgehobenen Maschen arbeiten. Nach 4 Runden ab Anschlag gleichmäßig verteilt 4 Maschen abnehmen = 32 Maschen. Diese Abnahmen in jeder 4. Runde wiederholen, bis noch 4 Maschen übrig sind. Die restlichen 4 Maschen mit dem Faden zusammenziehen.

Fertigstellung Tanne I–J: Das Bäumchen mit Füllwatte ausstopfen.

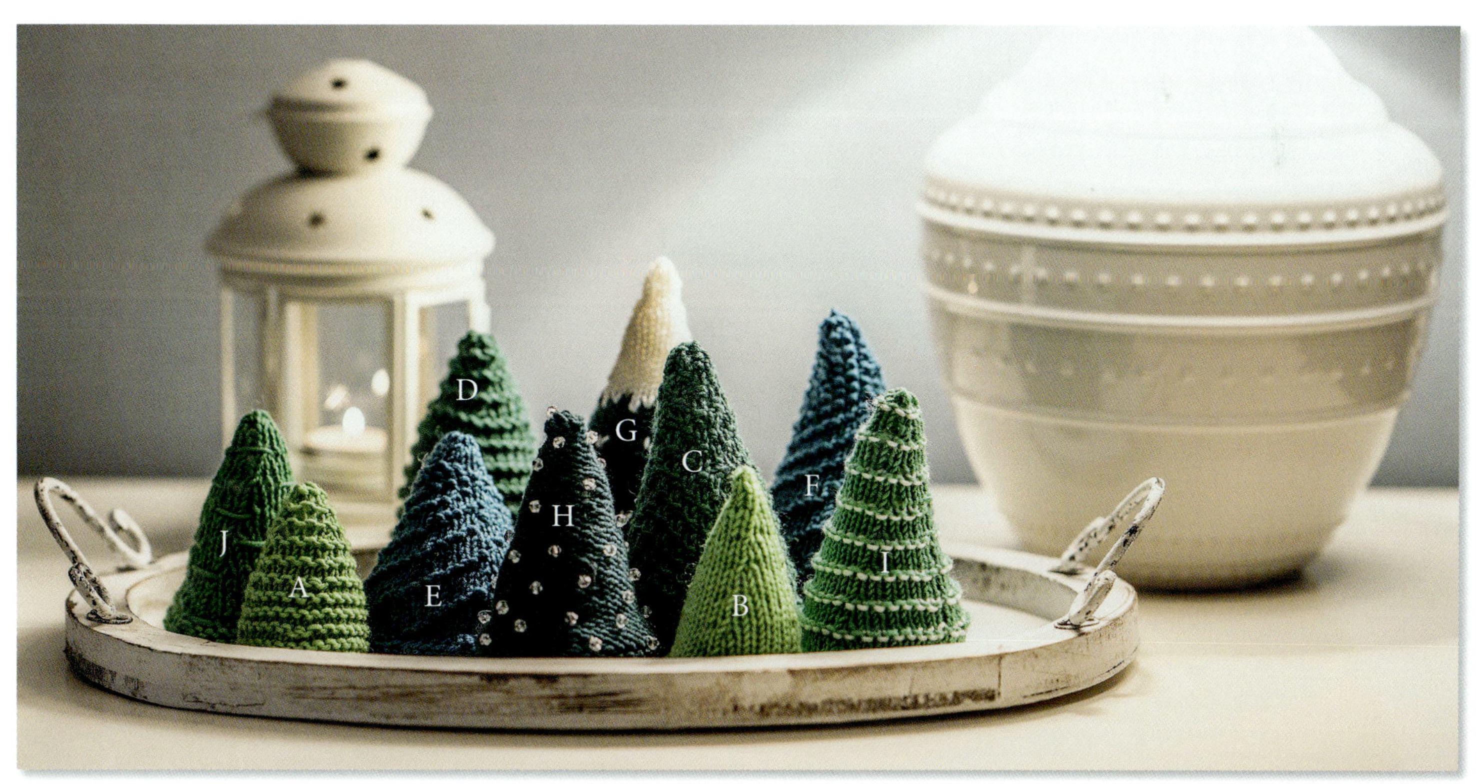

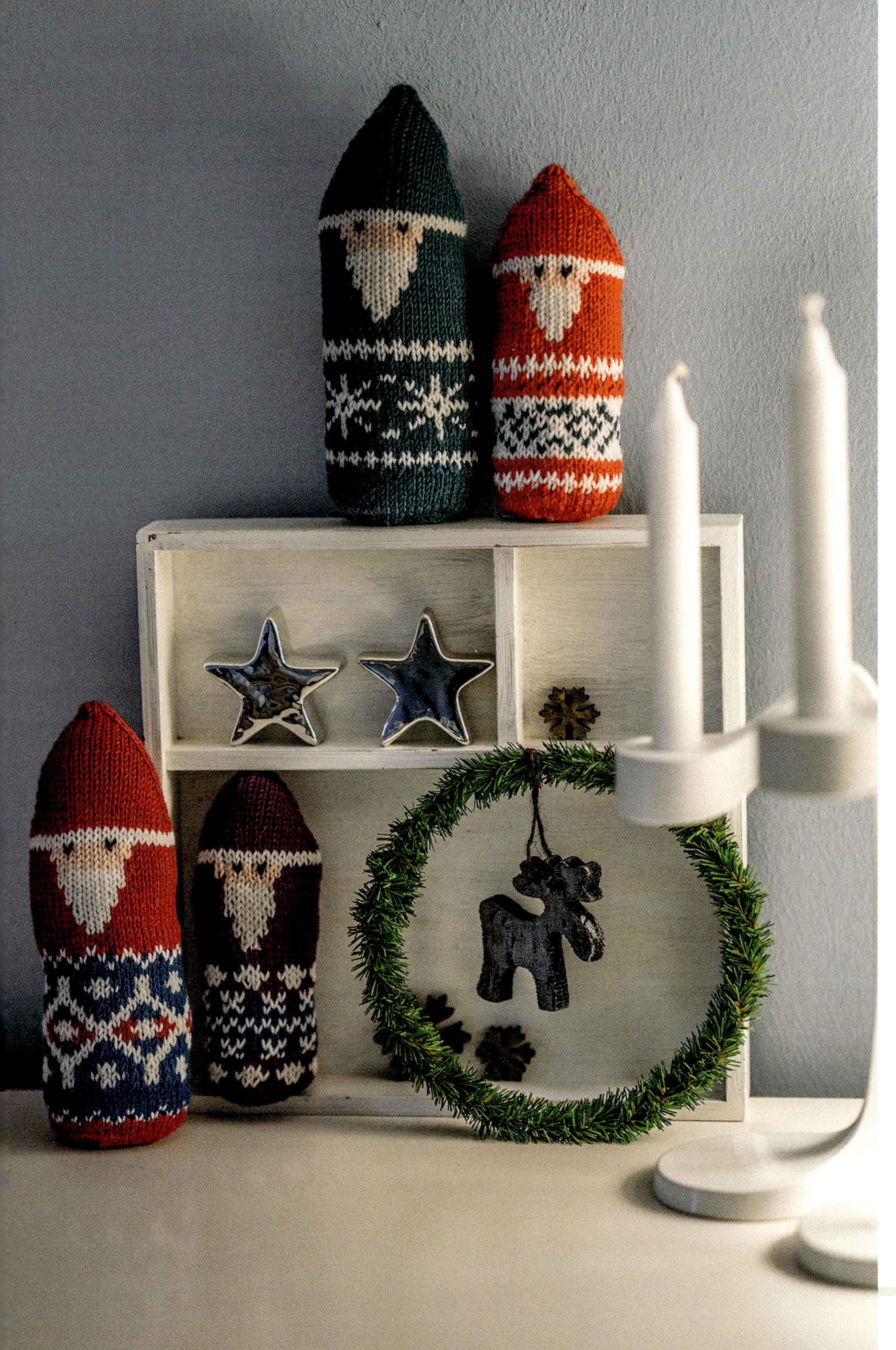

MATERIAL

- Lana Grossa „Cool Wool" (100 % Schurwolle, Lauflänge 160 m/50 g): je 50 g Flaschengrün, Puderrosa, Weiß, Schwarz, Weinrot, Dunkelrot, Dunkelviolett und Blaupetrol
- Stricknadeln Nr. 3
- Nadelspiel Nr. 3
- Füllwatte

MUSTER

Glatt rechts: In Hinreihen rechte Maschen, in Rückreihen linke Maschen stricken; in Runden stets rechte Maschen stricken.

Jacquardmuster A und B: Nach Zählmuster A und B glatt rechts stricken. Es sind die Hin- und Rückreihen gezeichnet. Die 1.–54. Reihe 1x stricken. Dabei ab der 39. Reihe in den Hinreihen wie gezeichnet abnehmen.

Jacquardmuster C und D: Nach Zählmuster C und D glatt rechts stricken. Es sind die Hin- und Rückreihen gezeichnet. Die 1.–70. Reihe 1x stricken. Dabei ab der 51. Reihe in den Hinreihen wie gezeichnet abnehmen.

MASCHENPROBE

Glatt rechts: 24 Maschen und 34 Reihen = 10 x 10 cm

Weihnachtsmänner

Gestrickt mit Jacquardmuster | Größe: 18 bzw. 21,5 cm hoch | Schwierigkeitsgrad 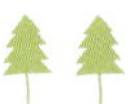

So wird's gemacht

Kleiner Weihnachtsmann: 40 Maschen in der jeweiligen Farbe des Zählmusters A oder B anschlagen und laut Zählmuster im Jacquardmuster A oder B stricken. Die restlichen 12 Maschen abketten.

Großer Weihnachtsmann: 48 Maschen in der jeweiligen Farbe des Zählmusters C oder D anschlagen und laut Zählmuster im Jacquardmuster C oder D stricken. Die restlichen 12 Maschen abketten.

Fertigstellung: Die Augen in Schwarz im Maschenstich laut Zählmuster aufsticken. Die rückwärtige Naht schließen. Den Weihnachtsmann mit Füllwatte ausstopfen.

Für den Boden des kleinen Weihnachtsmanns aus dem Anschlag mit den Spielnadeln 38 Maschen auffassen, die Maschen gleichmäßig auf 4 Nadeln verteilen – 9-10-9-10 Maschen pro Nadel – und glatt rechts in Runden stricken. 2x in jeder 2. Runde und 4x in jeder Runde gleichmäßig verteilt je 6 Maschen abnehmen = 4 Maschen. Die restlichen 4 Maschen mit dem Faden zusammenziehen.

Für den Boden des großen Weihnachtsmanns aus dem Anschlag mit den Spielnadeln 46 Maschen auffassen, die Maschen gleichmäßig auf 4 Nadeln verteilen – 11-12-11-12 Maschen pro Nadel – und glatt rechts in Runden stricken. 2x in jeder 2. Runde und 5x in jeder Runde gleichmäßig verteilt je 6 Maschen abnehmen = 4 Maschen. Die restlichen 4 Maschen mit dem Faden zusammenziehen, dabei ggf. noch etwas Füllwatte nachstopfen.

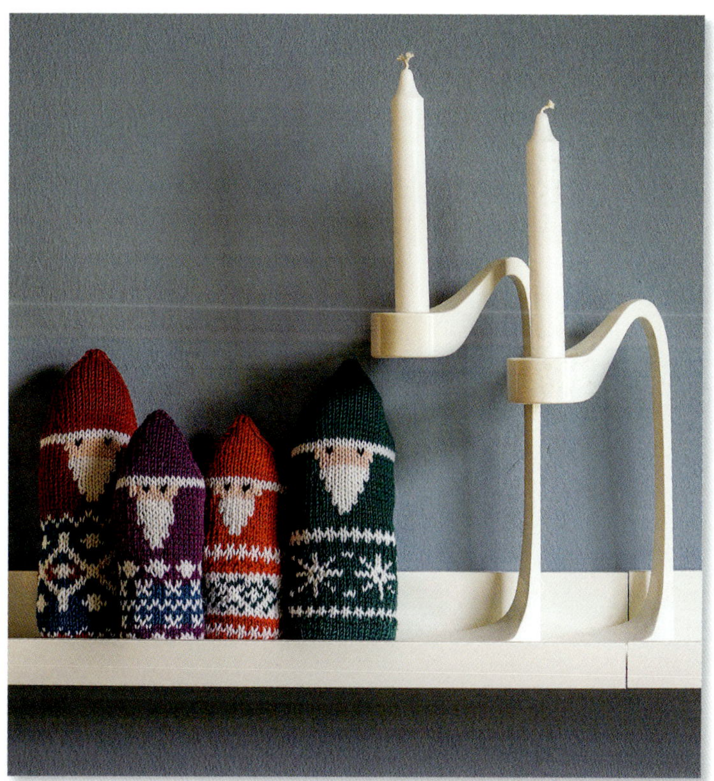

Zählmuster

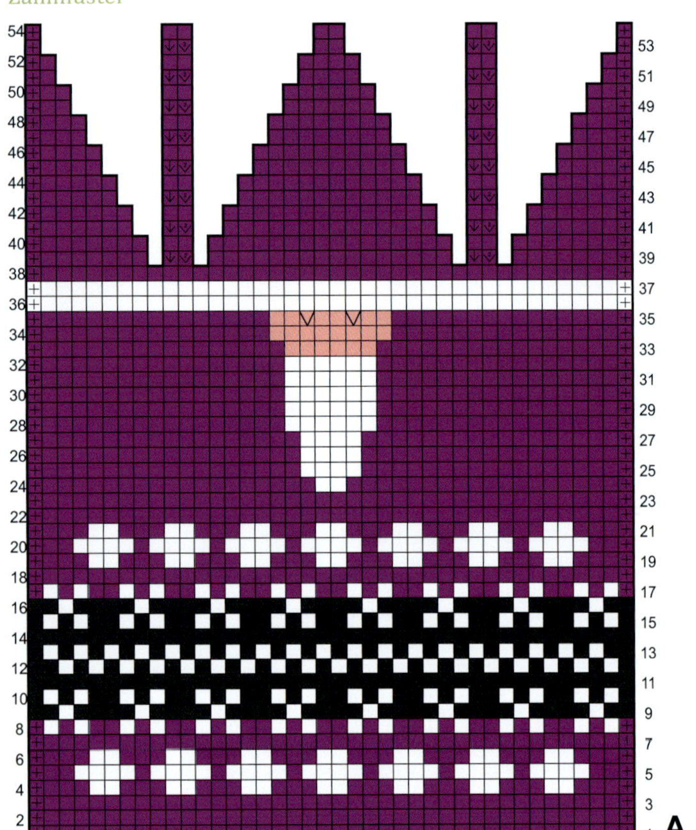

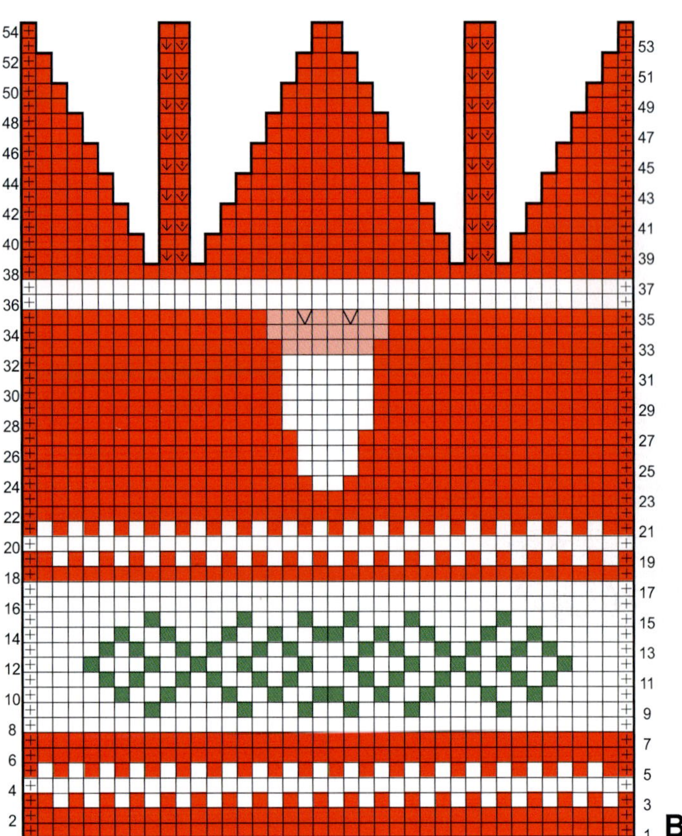

Zeichenerklärung

⊞ = Randmasche
= 2 Maschen rechts zusammenstricken
= 2 Maschen rechts überzogen zusammenstricken (= 1 Masche wie zum Rechtsstricken abheben, 1 Masche rechts stricken, dann die abgehobene Masche überziehen)

□ = 1 Masche in Weiß
= 1 Masche in Flaschengrün
= 1 Masche in Puderrosa
= 1 Masche in Weinrot
= 1 Masche in Dunkelrot
= 1 Masche in Dunkelviolett
= 1 Masche in Blaupetrol
= 1 Maschenstich in Schwarz

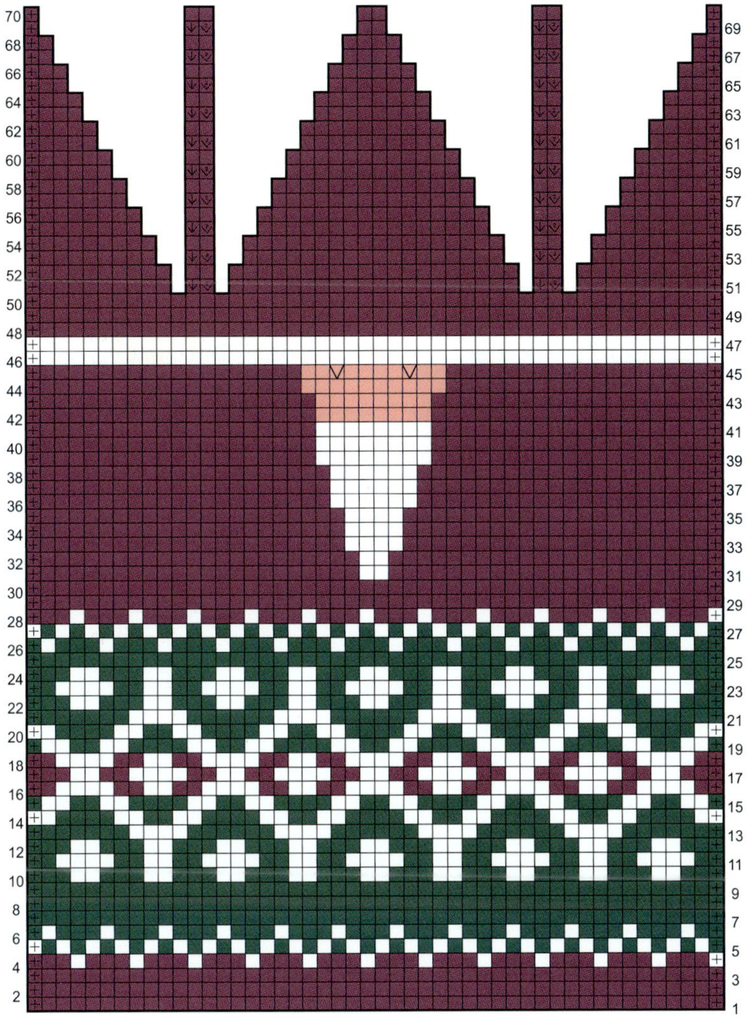

C

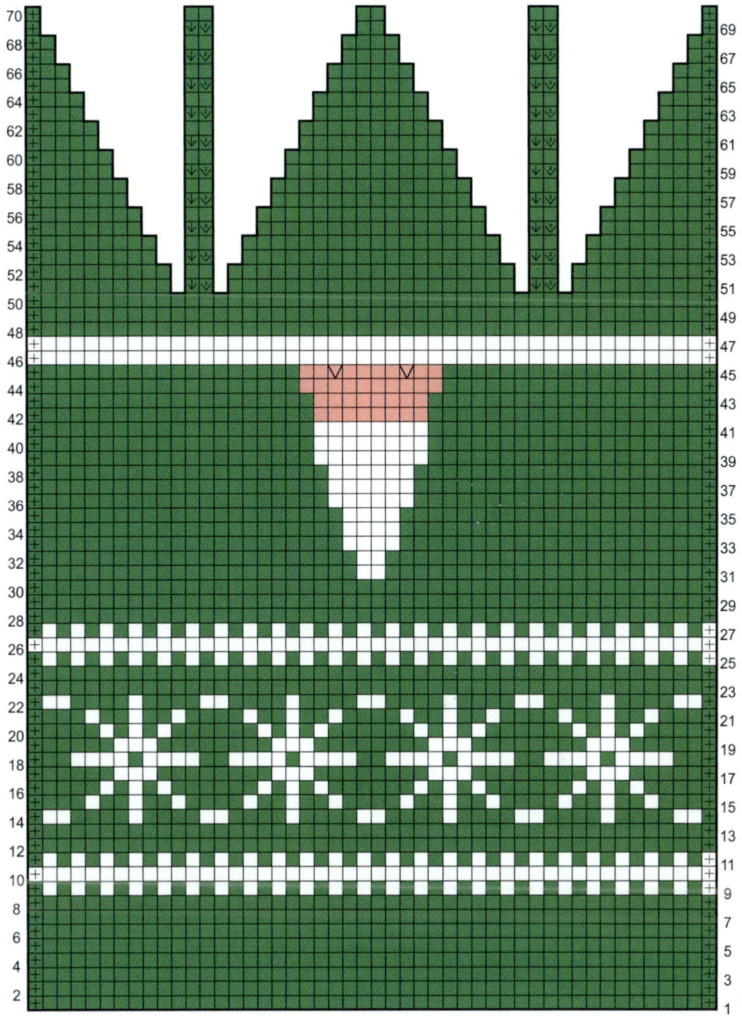

D

Wandbehang mit Sternen

WANDBEHANG | GRÖßE: 1 STERN ø 7,5 CM | SCHWIERIGKEITSGRAD 

MATERIAL

- Schöller + Stahl „Manuela No 5" (100 % Baumwolle, Lauflänge 200 m/50 g): 50 g Weiß
- Schöller + Stahl „Manuela Gold & Silber metallisiert" (85 % Viskose, 15 % Polyester metallisiert, Lauflänge 110 m/25 g): 25 g Gold
- Häkelnadel Nr. 2,5
- Sprühstärke
- ein Ast

MUSTER

Feste Maschen in Runden: Jede Runde mit 1 zusätzlichen Luftmasche beginnen und jede Runde mit 1 Kettmasche in die 1. feste Masche zur Runde schließen.

Feste Maschen in Reihen: Jede Reihe mit 1 zusätzlichen Luftmasche beginnen und, soweit nicht anders angegeben, am Ende jeder Reihe die Arbeit wenden.

MASCHENPROBE

1 Stern = ø 7,5 cm

SO WIRD'S GEMACHT

WEIßER STERN (12x): In Weiß mit Häkelnadel Nr. 2,5 arbeiten. Um einen verstellbaren Fadenring 5 feste Maschen häkeln, mit 1 Kettmasche in die 1. feste Masche zur Runde schließen = 5 Maschen (= 1. Runde).

2. Runde: Stets 2 feste Maschen in 1 Masche häkeln = 10 feste Maschen.

3. Runde: * 1 feste Masche, 2 feste Maschen in 1 Masche, ab * 5x arbeiten = 15 Maschen.

4. Runde: * 2 feste Maschen, 2 feste Maschen in 1 Masche, ab * 5x arbeiten = 20 Maschen.

5. Runde: * 3 feste Maschen, 2 feste Maschen in 1 Masche, ab * 5x arbeiten = 25 Maschen.

6. Runde: * 4 feste Maschen, 2 feste Maschen in 1 Masche, ab * 5x arbeiten = 30 Maschen.

Nun die Zacken separat in Reihen weiterarbeiten, dabei jede Reihe mit 1 zusätzlichen Luftmasche beginnen und, soweit nicht anders angegeben, am Ende jeder Reihe die Arbeit wenden.

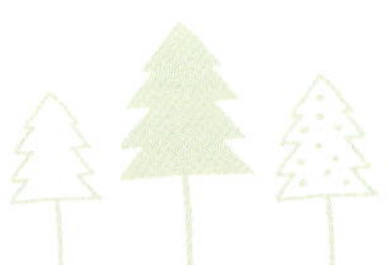

** 1. Reihe: 5 feste Maschen häkeln.

2. Reihe: 2 feste Maschen zusammen abmaschen, 3 feste Maschen = 4 Maschen.

3. Reihe: 2 feste Maschen zusammen abmaschen, 2 feste Maschen = 3 Maschen.

4. Reihe: 2 feste Maschen zusammen abmaschen, 1 feste Masche = 2 Maschen.

5. Reihe: 2 feste Maschen zusammen abmaschen = 1 Masche. Die Arbeit nicht wenden.

Mit Kettmaschen am linken seitlichen Rand der Zacke bis zur 1. festen Masche der 6. Runde nach der Zacke hochhäkeln und in diese feste Masche 1 Kettmasche arbeiten.

Ab ** 5x arbeiten.

Den äußeren Rand des Sterns mit 1 Runde fester Maschen umhäkeln, dabei an den Zackenspitzen in 1 Masche wie folgt häkeln: 1 feste Masche, 1 Picot (= 3 Luftmaschen, 1 Kettmasche in die 1. Luftmasche), 1 feste Masche.

WEIß-GOLDENER STERN (5x): Wie den weißen Stern arbeiten, jedoch die letzte Runde in Gold häkeln.

Fertigstellung: Die Sterne mit Sprühstärke einsprühen und trocknen lassen. Jeweils mit einem Faden in Weiß an den Ast hängen.

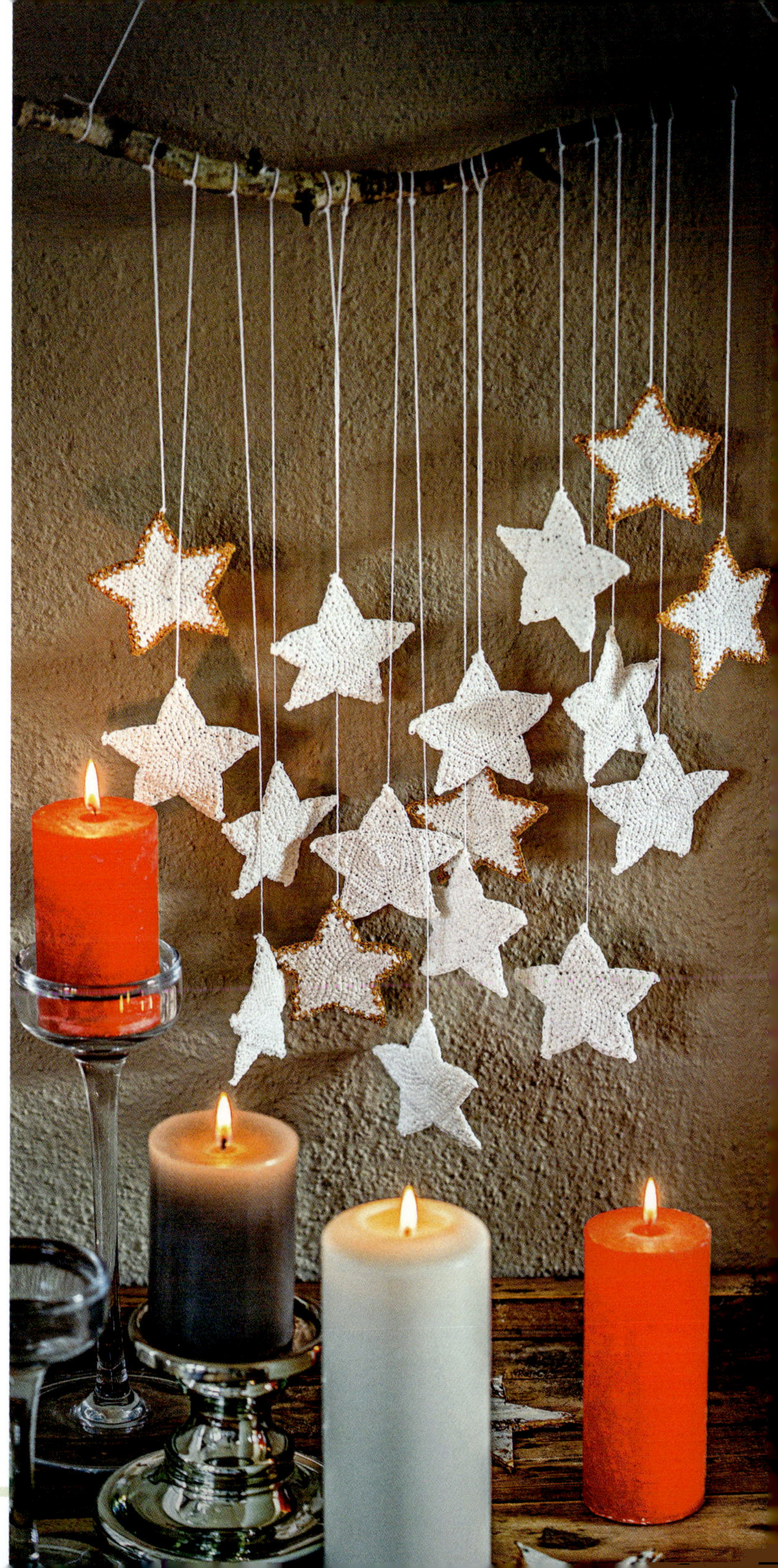

Grundkurs Häkeln

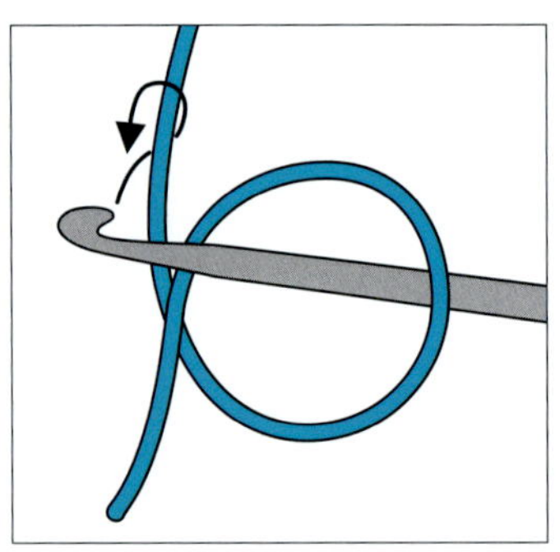

Fadenring

Den Faden zu einer Schlinge legen, sodass sich die Fäden kreuzen. Dabei das Fadenende zwischen Zeigefinger und Daumen halten. Die Häkelnadel durch die Schlinge führen und den Faden um die Nadel legen und den Umschlag durchziehen. Nicht festziehen!

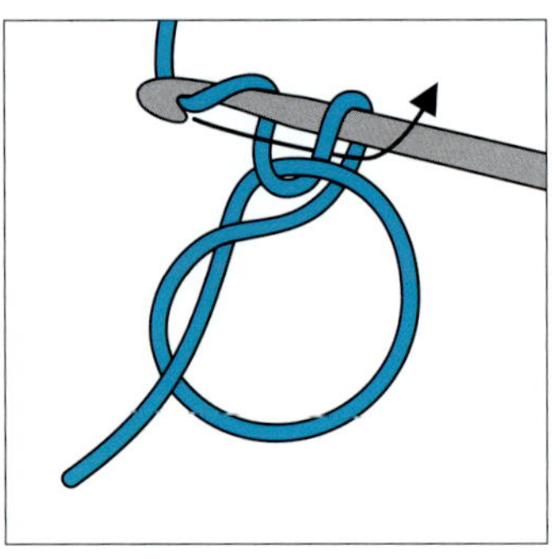

Den Arbeitsfaden um den linken Zeigefinger legen und den Kreuzungspunkt des Ringes festhalten, 1 Umschlag durch die Schlinge auf der Nadel ziehen (= 1 Luftmasche). Nun den Ring wie in der Anleitung angegeben behäkeln. Ist die gewünschte Maschenzahl für die 1. Runde erreicht, durch Ziehen am Fadenende die Größe des Ringes verringern.

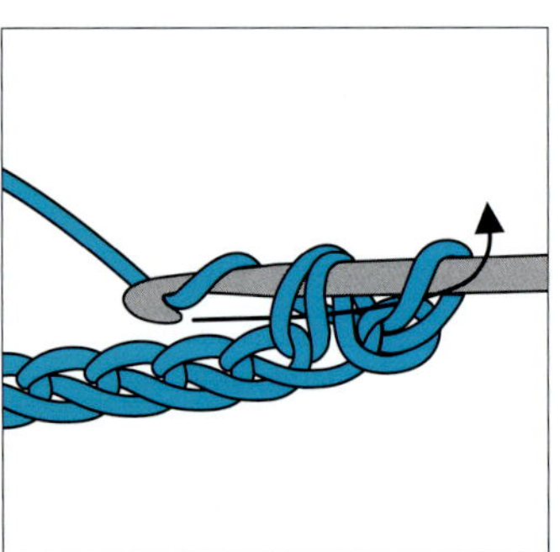

Kettmasche

In die vorgesehene Masche einstechen, den Faden um die Nadel legen und diesen Umschlag durch alle Schlingen auf der Nadel ziehen.

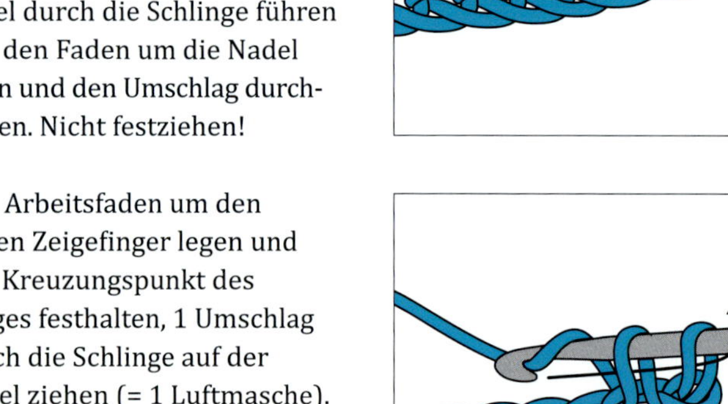

Feste Masche

In die vorgesehene Masche einstechen und den Faden von hinten nach vorn um die Nadel legen …

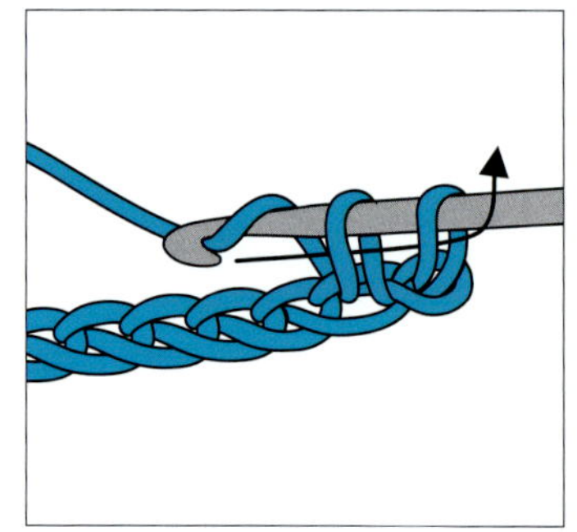

… und durchziehen. Den Faden erneut um die Nadel legen und durch beide Schlingen ziehen.

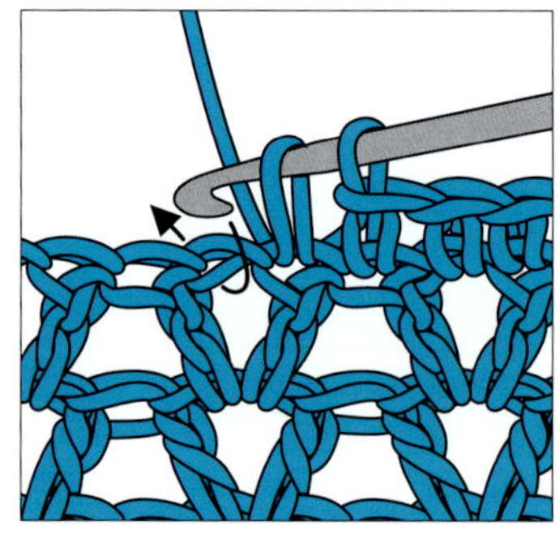

2 feste Maschen zusammen abmaschen

Die 1. feste Masche wie gewohnt beginnen: In die Masche einstechen, Faden durchholen. Es liegen 2 Schlingen auf der Nadel. Diese jedoch nicht wie gewohnt abmaschen, sondern in die nächste Einstichstelle einstechen.

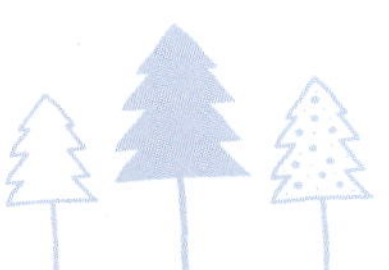

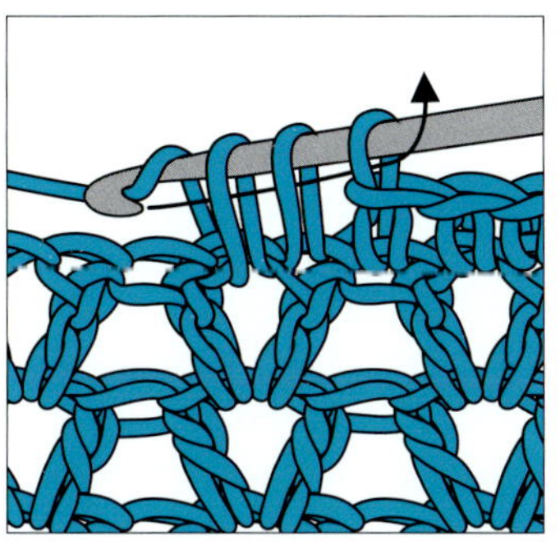

Faden durchholen. Es liegen nun 3 Schlingen auf der Nadel. Faden durch alle 3 Schlingen ziehen, d. h. beide festen Maschen zusammen abmaschen. Nach diesem Prinzip auch halbe Stäbchen, Stäbchen und Doppelstäbchen zusammen abmaschen: jede Masche bis auf die letzte Schlinge abmaschen, dann den Faden durch alle restlichen Schlingen ziehen.

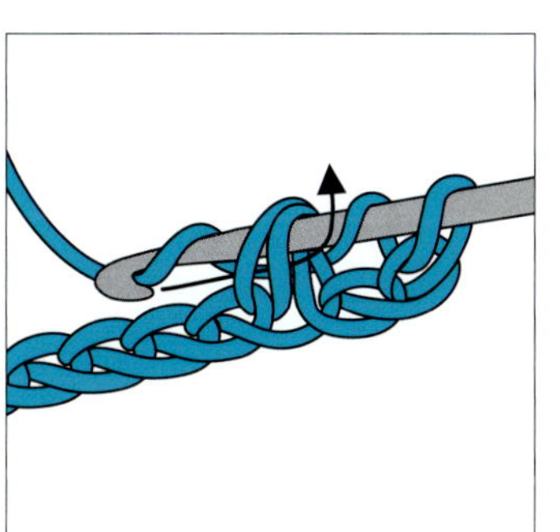

Halbes Stäbchen

1 Umschlag um die Nadel legen, in die vorgesehene Masche einstechen. Den Faden holen und durchziehen. Es liegen nun 3 Schlingen auf der Nadel.

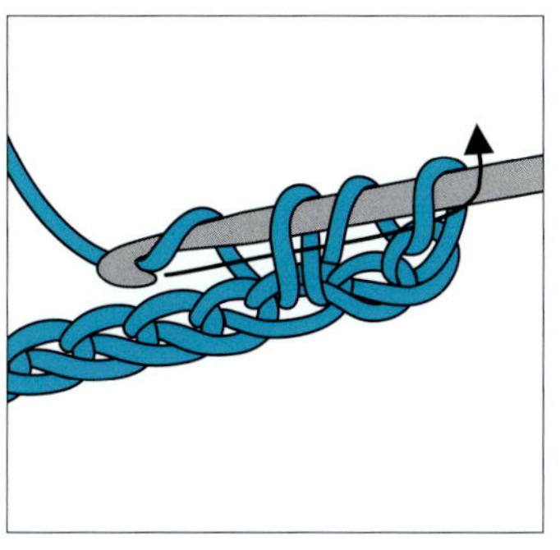

Den Faden nochmals holen und durch alle 3 Schlingen ziehen.

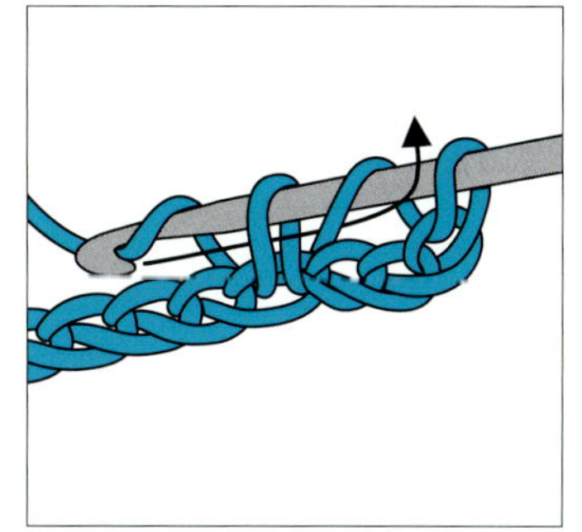

Stäbchen

1 Umschlag bilden und in die vorgesehene Masche einstechen. 1 weiteren Umschlag bilden und durch die Masche ziehen. 1 neuen Umschlag ...

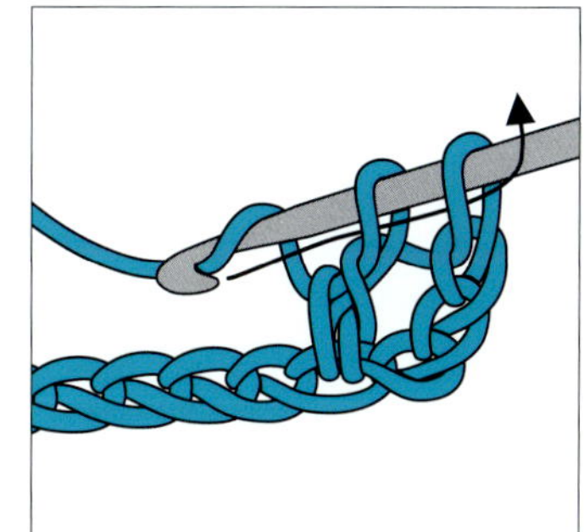

... durch 2 der 3 auf der Nadel liegenden Schlingen ziehen. 1 neuen Umschlag bilden und durch die restlichen 2 auf der Nadel liegenden Schlingen ziehen.

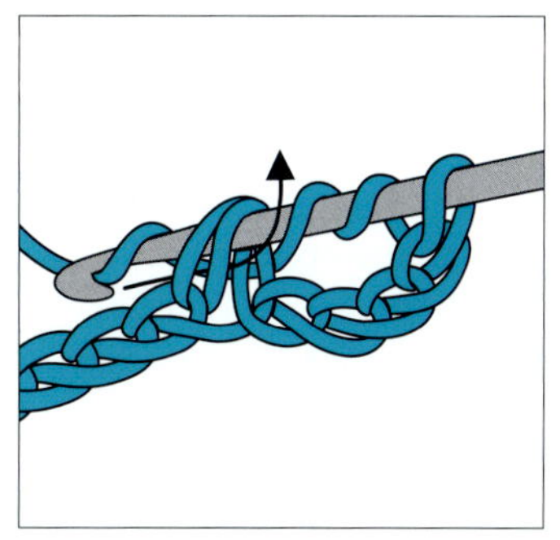

Doppelstäbchen

2 Umschläge bilden, in die vorgesehene Masche einstechen, Faden holen und mit jeweils 1 Umschlag 3-mal 2 Schlingen abmaschen.

Grundkurs Stricken

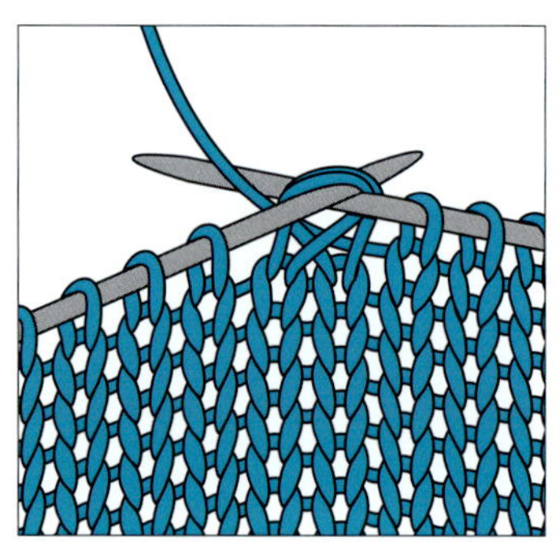

2 Maschen rechts zusammenstricken

Der Faden liegt hinter der Arbeit. Mit der rechten Nadel von links nach rechts durch beide Maschen stechen, den Faden durchholen. Die Maschen von der linken Nadel gleiten lassen.

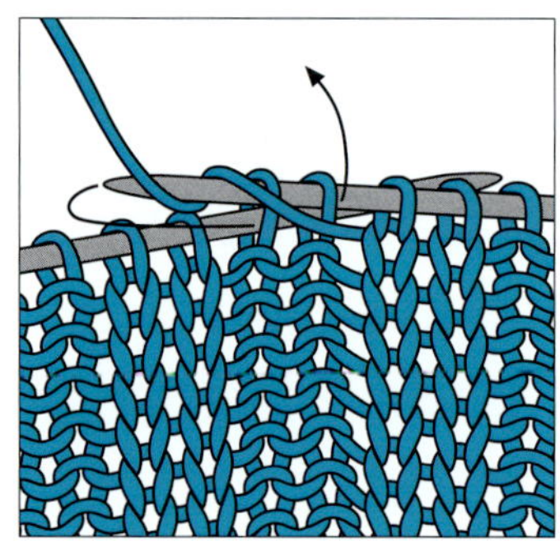

2 Maschen links zusammenstricken

Der Faden liegt vor der linken Nadel. Von rechts nach links wie zum Linksstricken durch beide Maschen stechen, den Faden durchholen. Die Maschen von der linken Nadel gleiten lassen.

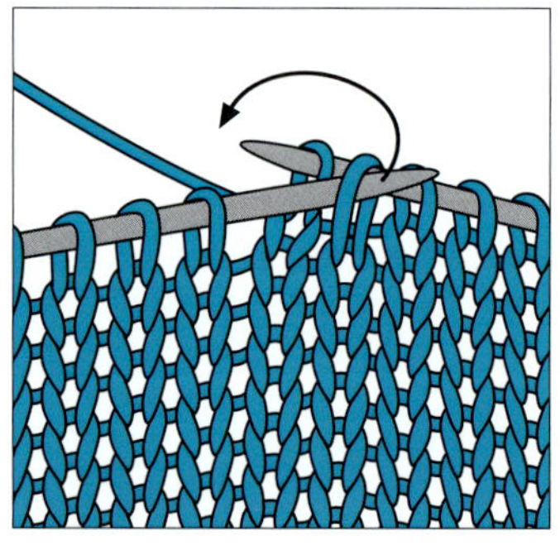

2 Maschen rechts überzogen zusammenstricken

1 Masche wie zum Rechtsstricken abheben, die folgende Masche rechts stricken, dann die abgehobene Masche darüberziehen.

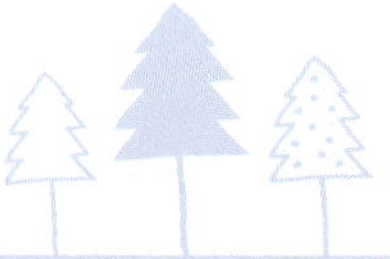

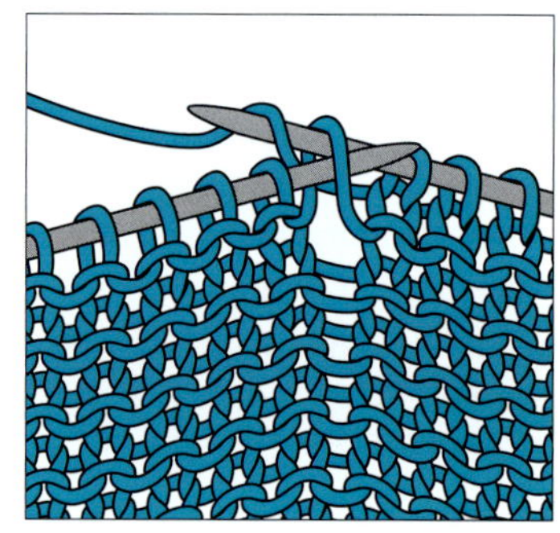

1 Masche rechts verschränkt aus dem Querfaden herausstricken

Der Arbeitsfaden liegt hinten. Mit der linken Nadel von vorn nach hinten unter dem Querfaden zwischen 2 Maschen einstechen, sodass der Querfaden auf der Nadelspitze liegt. Mit der rechten Nadel hinter der Arbeit von rechts nach links in die Schlinge des Querfadens einstechen, sodass sie sich verdreht, und den Arbeitsfaden um die Nadel legen.

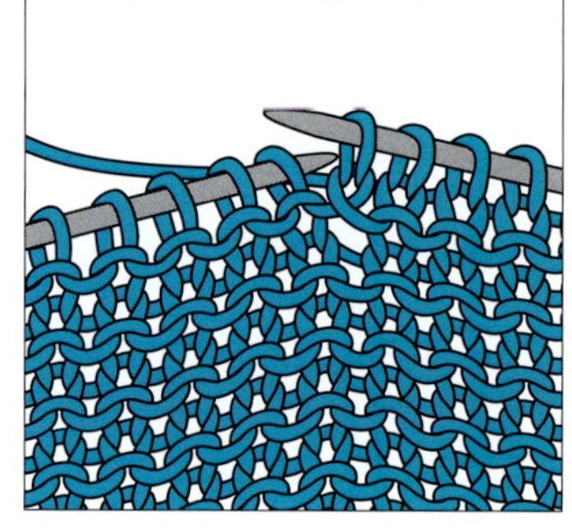

Den Arbeitsfaden nach vorn durchholen und anschließend den Querfaden von der linken Nadel gleiten lassen. So entsteht eine zusätzliche rechte Masche.

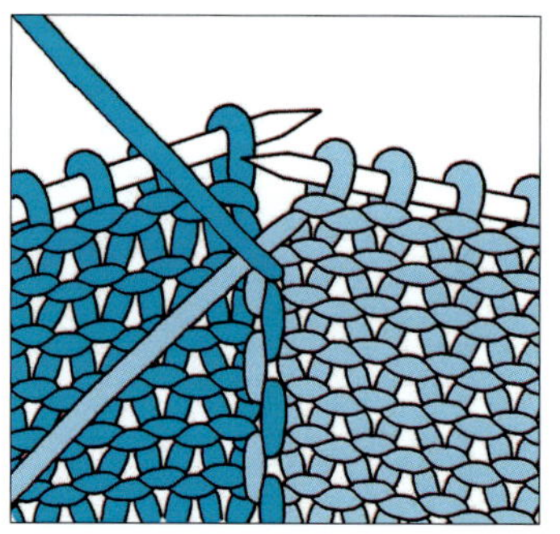

Intarsientechnik

Bei der Intarsientechnik werden verschiedenfarbige Flächen jeweils mit einem eigenen Faden gearbeitet. Beim Farbwechsel werden die Fäden auf der Rückseite der Arbeit miteinander verkreuzt. Dabei bilden sich zweifarbige „Ketten".

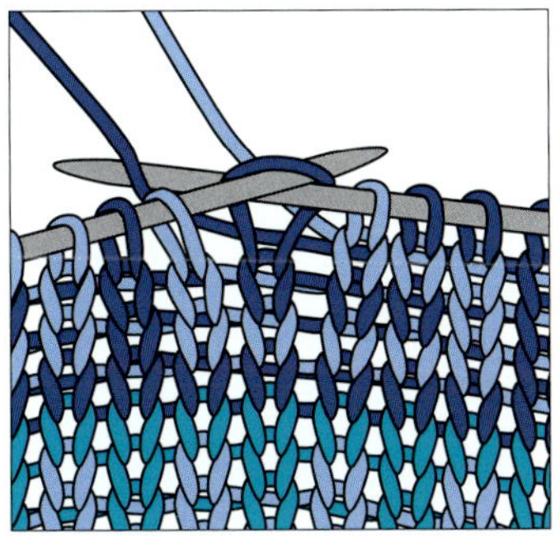

Jacquardmuster stricken/ Norwegertechnik

Jacquardmuster werden in zwei oder mehr Farben gestrickt. Die benötigten Fäden zusammen um den Zeigefinger der linken Hand wickeln. Den nicht benötigten Faden auf der Rückseite locker mitführen.

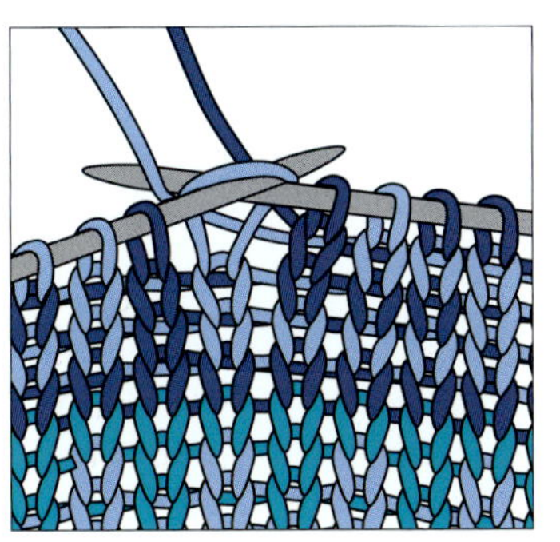

Wird der andere Faden gebraucht, die Maschen auf der rechten Nadel etwas auseinanderschieben, damit der neue Faden mit dem richtigen Abstand die Arbeit überspannt. In den Rückreihen ebenso arbeiten, jedoch den Faden locker auf der Vorderseite mitführen.

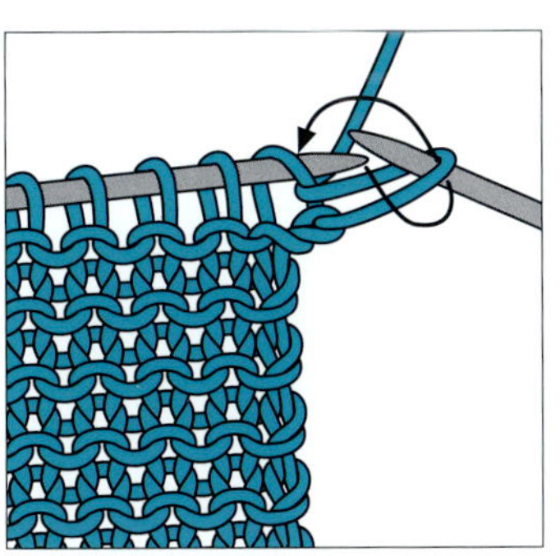

Aufstricken

In die 1. Masche wie zum Rechtsstricken einstechen, den Faden zur Schlinge durchholen und auf der rechten Nadel lassen. Mit der linken Nadel die Schlinge von vorne nach hinten erfassen (von rechts her einstechen) und als Masche auf die linke Nadel nehmen.

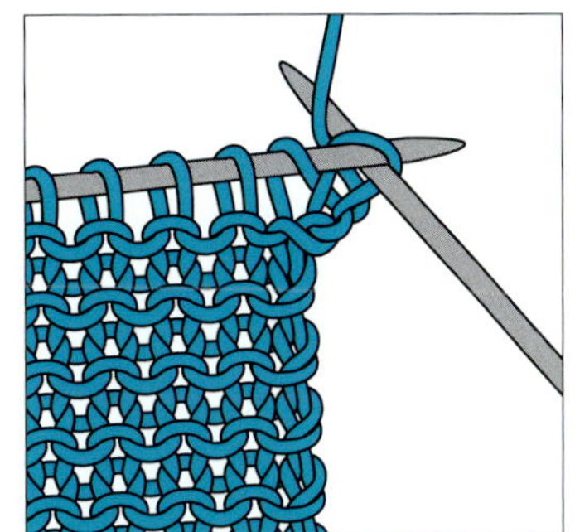

In die neue Masche wieder wie zum Rechtsstricken einstechen und wie beschrieben die nächste Masche aufstricken. Stets wiederholen, bis die gewünschte Maschenzahl erreicht ist.

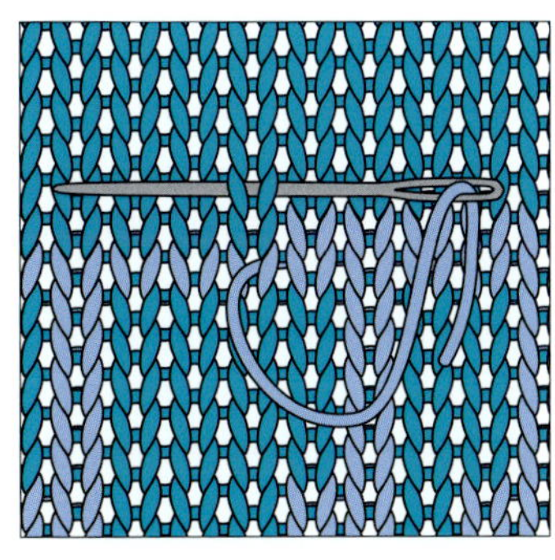

Maschenstich

Mit einer Wollnadel ohne Spitze von hinten nach vorn durch die Mitte der 1. Masche ausstechen und den Faden durchziehen.

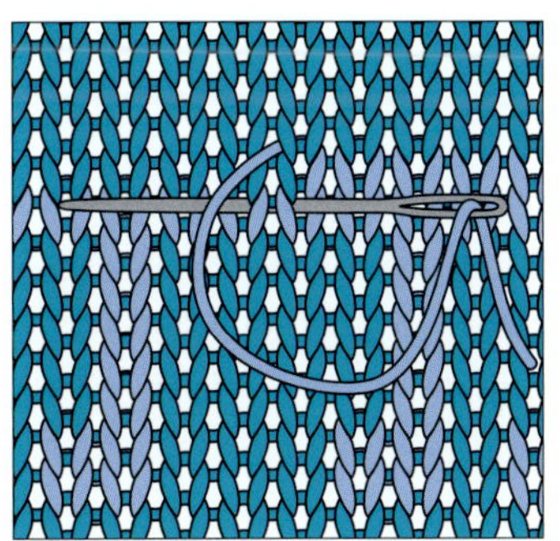

Dem Verlauf dieser Masche entsprechend um die obere Masche ein- und wieder ausstechen und den Faden durchziehen. Anschließend wieder in die Mitte der 1. Masche einstechen und aus der folgenden Masche ausstechen.

IMPRESSUM

Autorinnen: Maria Böhly, Babette Ulmer
Fotografie: Anne Schulz Gestaltung
Technische Zeichnungen: Babette Ulmer
Realisation: Maria Böhly, Eva Huber, Birgit Schwer, Babette Ulmer
Redaktion und Produktmanagement: Theresa Peter
Lektorat: Regina Sidabras
Umschlaggestaltung und Innenlayout-Konzeption:
Leeloo Molnár
Layout und Satz: Elke Mader
Repro: LUDWIG:media, Zell am See
Herstellung: Bettina Schippel, Stephanie Schlemmer
Printed in Slovenia by Florjancic

★★★★★

Sind Sie mit diesem Titel zufrieden? Dann würden wir uns über Ihre Weiterempfehlung freuen. Erzählen Sie es im Freundeskreis, berichten Sie Ihrem Buchhändler oder bewerten Sie bei Onlinekauf. Und wenn Sie Kritik, Korrekturen oder Aktualisierungen haben, freuen wir uns über Ihre Nachricht an Christophorus Verlag, Postfach 40 02 09, D-80702 München oder per E-Mail an lektorat@verlagshaus.de.

Unser komplettes Programm finden Sie unter

 www.christophorus-verlag.de 

Herstellerverzeichnis:
Butt inett e Textil-Versandhaus GmbH, www.butt inett e.de
Junghans Wollversand GmbH & Co. KG, www.junghanswolle.de
Lana Grossa Mode mit Wolle Handels- und Vertriebs GmbH, www.lana-grossa.de
Lang & Co. AG, www.langyarns.com
ONline Klaus Koch GmbH, www.online-garne.de
Rayher Hobby GmbH, www.rayher.de
Schoeller Süssen GmbH, www.schoeller-wolle.de
Hohenloher Wolle GmbH, www.schoppel-wolle.de
Schulana GmbH & Co. KG, www.schulana.de
Alle Materialien sind im Hobbyfachhandel erhältlich.

Die Deutsche Nationalbibliothek verzeichnet diese Publikation in der Deutschen Nationalbibliografie; detaillierte bibliografische Daten sind im Internet über http://dnb.d-nb.de abrufbar.

2. Auflage 2022

ISBN 978-3-8410-6572-8

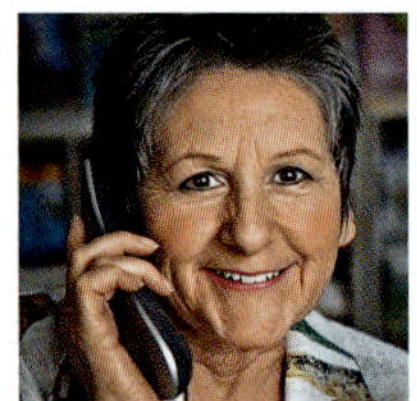

Kreativ-Service

Sie haben Fragen zu den Büchern und Materialien? Frau Erika Noll ist für Sie da und berät Sie rund um alle Kreativthemen. Rufen Sie an! Wir interessieren uns auch für Ihre eigenen Ideen und Anregungen. Sie erreichen Frau Noll per E-Mail: **kreativ-service@c-verlag.de** oder Tel.: **+49 (89) 13 06 99 – 577.**

Besuchen Sie uns im Internet: **www.christophorus-verlag.de**